工资理财

从滚雪球到财务自由

罗春秋 / 编著

中国铁道出版社有限公司

CHINA RAILWAY PUBLISHING HOUSE CO., LTD.

内 容 简 介

通过本书的学习，可以帮助读者理财，实现从思维、常识、工具、技巧等各个领域升级。将理财变得易学、易用、易把握，最终实现每一个工薪族都会理财。

本书主要针对理财零基础和具有一定理财经验及技巧的工薪族读者，帮助他们树立正确的理财思维，储备常用的理财知识，避免常见的理财误区，运用合适的理财工具，掌握实用的理财技巧，最终使工薪族通过理财实现左手薪水，右手收益。

图书在版编目（CIP）数据

工资理财：从滚雪球到财务自由 / 罗春秋编著 . —北京：中国铁道
出版社有限公司，2021.6
ISBN 978-7-113-27873-1

Ⅰ.①工… Ⅱ.①罗… Ⅲ.①私人投资－基本知识 Ⅳ.① F830.59

中国版本图书馆 CIP 数据核字（2021）第 062066 号

书　　名：工资理财：从滚雪球到财务自由
　　　　　GONGZI LICAI： CONG GUNXUEQIU DAO CAIWU ZIYOU
作　　者：罗春秋

责任编辑：张亚慧　　　编辑部电话：（010）51873035　　　邮箱：lampard@vip.163.com
封面设计：宿　萌
责任校对：焦桂荣
责任印制：赵星辰

出版发行：中国铁道出版社有限公司（100054，北京市西城区右安门西街 8 号）
印　　刷：三河市兴达印务有限公司
版　　次：2021 年 6 月第 1 版　　2021 年 6 月第 1 次印刷
开　　本：700 mm×1 000 mm 1/16　印张：14.5　字数：193 千
书　　号：ISBN 978-7-113-27873-1
定　　价：59.00 元

前言

当代工薪族，相对来说是压力最大的人群之一，房贷、车贷、医疗、子女教育、养老压向他们，要求他们有足够的收入与积蓄来支付，如果失业了会怎么样呢？

失业以后，如果不能很快投入新的工作，没有工资收入，那就意味着需要准备一定的备用金或有投资收益等来支付家庭日常所需开支。在此期间，自己和家人还要有一个健康的体魄，不能生病也不能住院，否则对于家庭来说，也是雪上加霜。

失业或者意外是个人或者家庭都会面临的问题，为了不在这些问题来临之时，给家庭带来灾难，也为了保持家庭经济很好的平衡，工薪族左手薪水、右手收益很有必要。而收益最易学易得的来源是理财，理财的核心是开源和节流。

理财很难吗？仁者见仁，智者见智。身为上班族，作为没有时间、没有经验、没有技巧的"三无"人员，如何在理财市场获得一席之地？在不亏本的前提下，获得一定理财收益，甚至像滚雪球一样，让财富得以积累并增长，并最终实现财务自由的梦想，是编写本书的目的。

通过本书的阅读，可以帮助读者理财，实现在思维、常识、工具等方面的掌握，避免理财误区，使理财变得生活化、简单化、数字化。

本书共 9 章，可分为七部分。

◆ 第一部分为第 1 章，本部分主要是帮助读者梳理个人理财思维，包括现状、方向、规划、资产、投资、风险等，开源节流思想贯穿始终。

◆ 第二部分为第 2 章，本部分说明了常用易学的一些理财知识，如复利、物价、市场、收益、行情等。这部分的内容，就是进入理财市场的必备"粮草"。

◆ 第三部分为第 3 章，本部分主要说明了，工薪族常会陷入的一些理财误区，如不合理消费、负债、自我投资、资产配置差等，通过这部分内容的展示，可以在一定程度上降低工薪族的理财风险。

◆ 第四部分为第 4 ~ 6 章，本部分主要是对于理财工具，根据风险大小进行介绍，包括储蓄、债券、基金、股票、外汇、黄金等工具，将理财工具实用化、生活化、对比化，便于读者更好地理解和运用。

◆ 第五部分为第 7 章，本部分主要对个人或者家庭的财商及财商养成进行了说明。

◆ 第六部分为第 8 章，本部分主要对个人或者家庭的保险理财进行了说明，包括如何配置保障保险、理财保险、养老保险等。

◆ 第七部分为第 9 章，本部分说明了个人或者家庭该如何去实现财务自由，包括思维、条件、配置等内容。

本书的优势在于从日常生活的角度出发，用生活的常识、各种小测试、数据的对比，展示了工薪族理财的各种实用知识，并利用丰富的故事、案例、表格、图示等降低了读者的阅读枯燥感，让读者在一种轻松有趣的阅读氛围中学习到相关知识。

最后，希望所有读者都能通过本书学以致用，快速打破理财壁垒，轻松掌握理财技巧，最终获得理想收益。

编　者

2021 年 3 月

目录

第1章 树立理财思维：开源节流齐驱并进

同样是工薪族，有的人能把小日子过得井井有条，有的人却是每月负债。树立正确的理财思维很重要，而理财思维和情商一样，是后天可以培养的。

1. 现状，解决理财的相关问题　/2

2. 开源，多种渠道来创富　/4

3. 节流，消费习惯正一正　/6

4. 方向，理财目标想一想　/8

5. 规划，财务周期理一理　/10

6. 资产，个人家底盘一盘　/12

7. 负债，信用危机避一避　/14

8. 现金流，每月支出算一算　/16

9. 投资，子女教育想一想　/20

10. 风险，不同种类看一看　/22

第2章 工资理财起步：懂点理财常识很必要

有了理财的理念和原则还不够，还要有一些理财常识做储备粮，所谓兵马未动，粮草先行。而理财常识就是家庭或个人理财的这些"粮草"，在理财之前掌握一定的"粮草"很有必要。

1. 复利，一寸光阴一寸金　/26

2. 物价，跑过了薪水怎么办　/29

3. 风险，"鸡飞蛋打"怎么破　/31

4. 分期，甜蜜的小陷阱　/37

5. 信用卡，滥用后和酒驾一样危险　/39

6. 收益，粒粒皆辛苦　/42

7. 熊市，你不知道的事儿　/44

8. 行情，综合分析是王道　/46

第3章 理财陷阱识别：工薪族要规避的投资误区

工薪族要学会理财，更要学会在理财的过程中规避误区，从而避免自身遭受不必要的损失。

1. 盲目，纸上空谈兵　/50

2. 信用卡债务堆积成山　/52

3. 贷款，零息贷款很心动　/54

4. 性别，理财是不只男人的事儿　/55

5. 无为，自我升值投资少　/57

6. 资产配置，哪里热就投哪里　/60

7. 现金流，看不见的收入与消费　/62

第4章　开启工资理财：低风险投资是关键

要想变现快，是存款还是其他？银行卡的福利怎么用？特殊存款是怎么回事儿……开启工薪理财，低风险是关键。

1. 储蓄、债券、基金，你最爱哪一款　/66

2. 投资收益有多大，计算一下就知道　/71

3. 关于基金定投，不得不说的事儿　/74

4. 要想变现快，货币基金是首选　/76

5. 银行卡送福利，要不要接　/79

6. 关于特殊存款，你还没搞清楚的事儿　/81

7. 手里的国债，是不是该放了　/83

8. 关于债券基金，你需要知道　/87

第5章　薪酬以小博大：股市闯一闯也有可能

工薪族能不能炒股？答案是肯定的，虽然工薪族不能像专业人士那样天天看盘、分析行情、上市交易，但是工薪族可以在下班时间，抽出一定的时间分析股票走势，制订买入卖出计划。

1. 新手入市十大规则，简单聊一聊　/92

2. 关于股市术语，常用要了解　/95

3. 关于止损点，为什么要存在　/99

4.K线图，看起来很简单　/101

5. 传说中的低价股，怎么去理解　/104

6. 人工智能时代，科技股要慎重　/107

7. 股票买卖，选中一只好股票　/109

8. 当你被套牢以后，解套是关键　/111

9. 网络炒股，一定要注意的事儿　/113

第6章　理财方法升级：高收益伴随高风险

在理财理论与实践下，个人理财能力也在一天天提高，理财方法也在不断升级。在一定的条件下，普通的你我也可选择传说中的外汇、黄金、白银等双高产品。

1. 新手入汇，一张简单小妙方　/118

2. 关于黄金投资，你需要知道　/121

3. 白银投资，黄金的好姐妹　/129

4. 时间成本省一省，理财顾问来报到　/136

5. 选择一家好银行，开启理财之路　/139

第7章　家庭理财宝典：提高财商是王道

财商和情商一样，都是可以通过后天培养不断提高，财商的高低将直接决定能否将手中的资金进行最好的资源配置，完成个人或家庭的财富积累。

1. 财商是什么，后天怎么养　/144

2. 理财意识，从娃娃抓起　/148

3. 全职妈妈的理财之道，简单聊一聊　/151

4. 微信除了扫码，还可以用来理财　/154

5. 夫妻双方薪酬怎么花，管钱有妙招　/159

6. 节日打折与消费，怎么来平衡　/162

7. 一家老小出外游，省钱又安心　/164

8. 小房换大房，选房有门道　/167

9. 家庭记账 App，省钱小法宝　/170

第8章　解析保险投资：理财保障两不误

工薪族可能会面对失业、医药支出、孩子教育及提升生活质量等各种问题，但却是不得不面对的问题，然而这些问题我们可以通过另一类理财工具来实现——配置保险。

1. 保险基础常识聊一聊　/176

2. 健康险，减轻家庭的负担　/179

3. 分红险，通货膨胀扛一扛　/182

4. 万能险，新型理财有保障　/184

5. 投连险，收益计算有门道　/186

6. 意外险，减轻家庭的损失　/189

7. 教育险，教育投资神助攻　/193

8. 财产险，投保标的聊一聊　/195

9. 养老险，如何配置最优质　/199

第9章　奔向财务自由：理财投资高配版

财务自由看似离我们很远，但其实就在我们身边。对于每个敢于拼搏的人来说，都有一条通往财务自由之路，或许这条路布满荆棘，但是有心人，天不负，有梦就要敢去追。

1. 关于财务自由，你知道多少　/206

2. 财务自由，需要什么前提　/208

3. 收支不平衡，问题在哪里　/210

4. 如何增加被动收入，简单聊一聊　/213

5. 收入越高，财富越多吗　/215

6. 创业还是投资，你需要知道的事　/216

7. 流量为主的时代，如何打造个人IP　/218

第 1 章

树立理财思维
开源节流齐驱并进

  同样是月薪 5 000 元，为什么有的人能把小日子过得井井有条，有的人却是每月负债。为什么同样是理财，有的人一入市就盈利，而有的人却亏本。这些事例告诉我们，树立正确的理财思维很重要，而理财思维和情商一样，后天可以培养。本章将详细说明，我们从哪些方面去培养自身的理财思维。

❶ 现状，解决理财的相关问题

你是否还在为升职加薪而加班加点？在现实生活中，工薪族大多通过勤勤恳恳的工作来获得更多的薪酬，从而解决家庭日常开支，那么是获得老板加薪容易，还是理财容易呢？

当然是理财，只要我们具有正确的理财思维，找到适合自己的理财工具，想获得一定的理财收益是有可能的。而升职涉及的因素较多，比如工龄、公司、老板、制度等，因素越多越不可控。

但是，在实际的理财中我们也会遇到一些问题。常见的理财问题，简单总结如下。

◆ 理财技巧缺乏

随着个人理财需求不断增加，对理财技巧的要求也逐渐提高，但大多数工薪族的理财技巧还处于开发阶段，自主理财的水平有待提高。对此，建议主动学习相关理财知识及实际感受一些投资策略，还可以和同行进行交流，在理财 App 上学习一些理财课程。

◆ 专业理财服务缺乏

市场上的大多数理财产品，通常侧重于收益率的宣传，而对于风险提示较少，需要客户自己去把握，但理财者，特别是新人，又容易忽略产品的风险，甚至无法更好地理解产品风险，比如，风险 R2 和 R3 到底有什么区别。任何理财产品都是存在风险的，所以产品风险一定要重视。

要求理财者在了解产品收益的同时，更要清楚地了解产品风险，以及自身的风险承受能力，例如，对于风险不清楚不明白的，要咨询理财顾问。

◆　**理财工具众多，选择困难症**

随着理财工具的不断升级，各种理财 App 不断涌现，也增加了理财者的选择难度。就好像摆在你面前有 10 件漂亮的衣服，你都很喜欢，但是你只能选择一件，那么就有选择困难症了。如何克服理财工具的选择困难症，可以从自身需求、平台特点、风险管理能力等出发，综合考虑。对于理财工具，没有最好，只有最合适。

◆　**高素质的理财顾问缺乏**

不同行业的理财顾问，可能会存在理财知识不全面、流动性强、为收益而服务、专才非通才的特点，这对于理财者来说是不利的。

如果理财顾问理财知识不全面，将使我们对产品收益、风险、市场、规模、现状等的认识出现偏差；理财顾问流动性高将使我们获得售后服务的难度增加；而为收益而服务的理财顾问，将可能使我们选到不适合自身的理财产品；非通才的理财顾问可能使我们选择到单一的理财产品，而不是最佳的投资组合。

针对这些问题，选择一家专业、品牌、售后服务好的理财机构很重要，同时通过自身的判断，选择一位专业高素质的理财顾问也很关键。

◆　**将鸡蛋放在同一个篮子里**

对于初入市的新人，更容易困在这个思维里。比如，1 万元的投资本金，全部用来购买基金、债券、股票的其中之一，投资简单又方便。但本质上增加了投资风险，为此我们建议合理配置，分散投资风险，例如，根据自身的风险承受能力，按照一定的比例进行产品配置，如基金和债券组合、债券和股票组合等，降低投资风险，同时增加投资收益。

◆ 投资心态不稳

理财者可能都想一入市就获得高收益，或者偏爱短期投资，比如炒股、做短线，但我们应该明白，投资非投机，做理财投资，需要有一种长期投资的心态。所以，理财心态很重要。

❷ 开源，多种渠道来创富

买房对于职场人来说是一件大事，那么问题来了，你是怎么攒够首付的？省吃俭用还是升职加薪，如果是升职加薪，多少年能攒够首付？5年还是10年？在网上曾流行一个"买房痛苦指数"：

120万元，三成首付，不吃不喝，攒够买房首付需要多少年？如果大于9年，痛苦指数为：高度痛苦；如果在5～8年，痛苦指数为：中度痛苦；如果在1～4年，痛苦指数为：轻度痛苦。

这说明攒够首付的时间越短，痛苦的程度越低。再假设一下，如果你通过10年的时间来攒够首付，房价是否还会在原地等你？那么除了工资收入以外，我们能不能通过其他一些合法的渠道来增加每月的劳动收入？

答案是肯定的，在经济学上简称为开源。而开源的渠道可以简单归结为三大类，具体说明如下。

◆ 理活自己的银行卡

对于工薪族来说，银行卡一般分为工资卡和信用卡。对于工资卡，我们通常不会怎么去打理它，只在消费时使用它。实际上这种方式并不合理，如果只是在储蓄卡里，一般是活期利率，利率很低。现在低风险的理财产品很多，不仅能实现理财，同时还能消费，投资期限也相对较短，可用于日常储蓄。

如果你的工资卡的资金积累到了一定的程度，可以进行定期储蓄或购买适合自己的理财产品，同时每月适当使用信用卡消费，并将其与工资卡绑定，在周转资金获得投资收益的同时，额外获得一些信用卡福利，以减轻日常消费负担。

◆ 做好主业，同时拓展副业

作为工薪族，当然是以主业为主，如果为了副业而荒废主业就得不偿失了，因此在做好主业的前提下去拓展各种副业才是根本。现在市场很广，社会兼职也多，选择一些自己擅长且不和自己工作冲突的兼职，充分利用个人的空余时间，增加家庭的经济收入。

◆ 选择适合的理财工具去投资理财

随着物价上涨，现在的钱如果定期存在银行，所获得的收益不抵货币贬值的速度，就好像 10 年前的 10 万元和现在的 10 万元，购买力远远不能相比。

除了定期储蓄，一般建议选择自己熟悉的投资领域去投资，现在常见的理财产品如债券、基金、股票、外汇、黄金等。此外还包括一些股份投资，比如，投资亲戚工厂或者朋友公司。

◆ 创业不是梦

现在 00 后都开始创业了，对于很多青年人来说，这是一个挑战也是一个机遇。如何抓住机遇，应对挑战，原始资金很重要，同时一个好的团队、领导力、产品开发及运营等也很重要，但高风险不一定等于高收益，对于创业的小伙伴来说，创业需要孤注一掷的勇气，所以要慎重。

如果创业成功，个人或者家庭的财富增长是很快的，甚至能实现你的梦想，但我们都明白，最好的最难得，并不是每一个人都适合创业，在决定创业前，一定要先问问自己的心。

③ 节流，消费习惯正一正

对于当下青年人来说，过度消费、超前消费已经成为常态，在很多时候是一种不理智的消费行为，那么，怎样看你有没有不理智消费呢？首先，做一个测试题，看以下的习惯，你有几个。

①看到优惠折扣就控制不住地买买买。

②每月工资还完花呗就没了。

③外卖点了一大堆，却只吃了一点儿。

④淘宝"双 11"，购物车都清空。

⑤衣服买回来不好看，压箱底。

⑥看到好看的衣服、包包、鞋子就买买买。

⑦周末吃喝玩，完全不控制。

⑧从月光族到负债族。

⑨不看价格，看重消费体验。

⑩IP 浸入式消费。

如果你的消费习惯与上述大同小异，那么小伙伴们需要注意了，你的消费习惯有点歪了，需要正一正，可以从如下 6 方面着手。

◆　记录自己的消费

养成记账的习惯很重要，通过记账，你会发现每个月有很多不必要的开支，从而把控自己的开支，一般可以通过一些记账 App 轻松搞定，后面将细说。

◆　做好支出计划

计划好每个月的大额开支，比如房租、水电、生活消费等，在实际消费时，尽量将一些花销控制在计划内，不要轻易超出计划。

◆　消费要理性

做一个清单，定期采购家庭必需的产品，首选急需的，不要被一些打折促销的产品影响，使得买回家的产品实际并不那么需要。而且非大型节假日的产品促销，一般价格不会太优惠，毕竟羊毛出在羊身上。

◆　提前消费要慎重

对于提前消费的信用卡、花呗、分期等，一定要慎重，即使使用也要控制在合理的范围内。

◆　定期理财

把工资卡设置为定期存入相关理财账户，到期后赎回，这样在某种程度上可以抑制不理智消费。

◆　把闲置的资金用于投资理财

把工资卡中的闲置资金投资到适合自己的理财产品中，根据不同的期限、风险以及收益，选择适合自己的投资，同时抑制个人的冲动消费。

④ 方向，理财目标想一想

理财的目的是什么？是为了实现年化收益在 10% 以上，还是简单地将工资卡的资金循环利用起来，赚取一点收益？

理财的目的应该是为了实现家庭的幸福目标，确保在家庭幸福目标出现时能拥有可支撑的资源。

所以理财的第一步，不是要实现多少收益，而是应该制定理财目标。理财目标与我们人生的目标息息相关，特别是那些对于家庭或者个人的幸福感影响极大，却又不能保证从当期的收入中能够支付的目标。此外，不同的家庭、不同的人生阶段、不同的时代，对应的理财目标是不同的。

理财目标包括买车买房、孩子教育、财务自由、退休养老等。这些都可以看作是理财目标之一。

那么，对于个人来说应如何制定理财目标呢？说明如下。

◆ 明确闲置资金

理财的前提是不影响个人家庭正常的日常消费开支，通过闲置资金来完成。在制定理财目标前，首先得明确家庭结余有多少，每月收支情况、存款多少，简单来说就是自身的财务状况。

◆ 制定理财目标

根据目标的时间，可以将理财目标分为长、中、短期目标。对于工薪族来说，养老属于长期目标，可以在拿到第一笔工资时开始储蓄，也可以在孩子上学时储蓄，但无论是哪一时期，都属于长期目标。

中期目标可以理解为常见的买房、买车、孩子教育等，短期目标包括旅游、购物、培训等，以短期的消费需求为主。

针对不同时期的理财目标，制定不同的理财规划，配置相应的理财产品，一般建议组合投资而非单一。同时一定要注意，要将短期目标控制在预期规划里，不要制定过多超过自身需求的短期目标，避免造成不必要的损失。

◆　测试自身风险能力

如果是第一次购买银行理财产品的投资者，通常需要做相应的风险测试，并根据测试结果匹配不同风险等级的银行理财产品，否则无法在网上直接购买。

与银行理财产品一样，市场上的其他理财产品，风险等级也是不同的。在购买产品之前，测试自身的抗风险能力很重要，根据自身风险承受能力，选择自己能够承担风险的理财产品，在看到收益的同时，要确认本金的安全。

◆　选择投资品种

现在市场上存在的理财产品很多，风险有高低，期限有长短，收益有大小，所以在选择投资品种时，并不是收益越高越好，也不是风险越低越好，更不是期限越短越好，要根据自身的理财目标，选择适合自身投资需求的产品。

一般在闲置资金较少的情况下，可以选择一些定投，如每月基金定投500 元；当闲置资金多一些时，可以选择组合投资，如 1 万元的短期投资产品 +1 万元的长期投资产品。具体的投资比例，可以根据每个家庭的具体理财目标适当进行调整。

⑤ 规划，财务周期理一理

西方曾经流传这样一个故事，猎人在森林里遇见吃人的女妖，女妖说："如果你能回答我一个问题，我就放了你。"猎人说："好的，请说。"女妖说："早上四条腿，中午两条腿，晚上三条腿，这是什么动物？"猎人想了想回答说："人。"后来女妖遵守承诺，放猎人回了家。

经济学家们将这个故事延续到经济学中，这个故事强调的是，在生命的不同周期，人所呈现出的三种状态，早上的四条腿代表着人出生以后到能站立行走之前只能四肢爬行；晚上的三条腿是因为晚年行动不便，可能需要借助拐杖行走；中午的两条腿则代表着整个中间时期，比如少年、青年、中年。

人具有相应的生命周期，家庭同样具有生命周期。在不同的家庭生命周期里，家庭成员为了实现相应的理财目标，同样需要"爬行"或者借助"拐杖"。不同的是，家庭的生命周期一般可以分为形成期、成长期、成熟期和衰老期。

◆ 家庭形成期

家庭形成期的年龄一般在 25 ~ 35 岁，这个时期因为组建家庭，家庭的开支和风险都较大，所以合理安排支出很重要。此时应注意开源节流，累积家庭财富。

在资产配置上，股票类资产可配置在 45% 左右，债券等固定收益类资产可配置在 35% 左右，货币类资产可配置在 20% 左右。此外，一定要控制消费，对于信用卡的使用一定要慎重。

◆　家庭成长期

家庭成长期的年龄一般在 30 ～ 55 岁，从孩子开始到来到其逐渐独立，对于家庭来说，一般夫妻双方都处于事业的成熟期，家庭收入大幅增加，家庭财富不断累积。但因为孩子教育、换房、换车、健康支出等，家庭的支出也成了很大一笔开销，家庭备用金的预留以及家庭成员的健康保险很重要。

在资产配置方面，家庭的抗风险能力不断增加，可以将股票类资产配置在 55% 左右，债券等固定收益类资产配置可提升到 35% 左右，货币类资产配置在 10% 左右。

此外，此时为保险需求的高峰期，所以家庭成员应配置相应的保险，如重大疾病险、孩子教育险、定期寿险等，避免因为意外事件给家庭带来巨大冲击。如果有房贷和车贷，建议保额的配置可高于贷款额度。在该阶段，家庭成员的还款能力增加，可以采用分期或者按揭的方式购房或者购车。

◆　家庭成熟期

家庭成熟期的年龄一般在 50 ～ 65 岁，孩子已经长大并独立，个人的事业和收入已经达到顶峰，家庭财富累积达到最高水平，家庭支出不断减少。此时更多家庭考虑的是财富升值保值及留存。

在资产配置方面，股票类资产配置可降到 40% 左右，债券等固定收益类资产配置可提升到 40% 左右，货币类资产可配置在 20% 左右。保险的配置应以养老保险为主，如年金保险，但一般建议在退休前还清车贷或者房贷，确保在退休后没有大额负债。

◆　家庭衰老期

家庭衰老期的年龄一般在 60 ～ 90 岁，此时孩子长大成家，这个阶段属于安享晚年的阶段。退休金和理财收入将丰富老年生活，主要支出在生活及健康上，理财目标是以安全为主。

在资产配置方面，应以固定收益类资产为主，股票类资产配置可降到 15% 以内，债券等固定收益类资产配置可提升到 55% 左右，货币类资产配置可增加到 30% 左右。在配置养老保险的同时，应关注医疗健康保险，减轻子女的负担。

6 资产，个人家底盘一盘

在理财之前，了解自身财务状况很有必要，可能你会发现，很穷的你居然还有一笔隐形财富没发现。

通常一家企业的财务状况，可以通过财务报表来了解，那么对于家庭或者个人的财务状况，是否同样可以通过相应的财务报表来进行说明呢？

家庭的资产一般是指庭所拥有的能以货币计量的财产、债权和其他权益，如表 1-1 所示。

表 1-1　家庭资产负债表的资产分类

家庭资产负债表		
编制：韩先生　　　　　　　2020 年 8 月 1 日		币种（人民币）
资　　产	行　次	金额（元）
一、流动资产	1	
现金	2	10 000.00
活期存款	3	50 000.00

续表

资　　产	行　次	金额（元）
定期存款	4	100 000.00
货币基金	5	10 000.00
保单现金收入	6	0.00
二、金融资产	7	
银行理财产品	8	10 000.00
债券	9	10 000.00
股票及权证	10	50 000.00
基金	11	10 000.00
外汇	12	10 000.00
黄金	13	10 000.00
期货	14	0.00
保险理财	15	0.00
其他金融资产	16	0.00
三、非流动资产	17	
自住房	18	1 230 000.00
投资房地产	19	0.00
机动车	20	150 000.00
家具及家电	21	100 000.00
珠宝、首饰、收藏品	22	
其他非流动资产	23	0.00
资产总计	24	1 750 000.00

如表 1-1 所示，家庭或个人的资产一般可以通过流动资产、金融资产、非流动资产来表示。而流动和非流动资产的区别在于资产的变现程度，流动资产变现较快，金融资产可以理解为常见的债券、股票、基金、外汇、

黄金等。

不同的家庭，内部的资产构成不同，如表1-1中的韩先生家庭的大额资产主要体现在自住房上，同时对于流动资产和金融资产都进行了适当配置，配置的比例也相对温和。由此可以看出，韩先生并非风险爱好者。

对于企业的财务报表来说，涉及的资产项目相对较多，而家庭的资产涉及项目相对较少。虽然家庭的构成不同，但一般可以从这几大方面去分类列表。

在不同的家庭周期中，家庭的资产构成也不同，项目种类大同小异，更多的差异在具体金额上，如家庭成熟期，可能会出现投资房地产的增加，同时投资品种也会有所偏重。

⑦ 负债，信用危机避一避

一个家庭的资产和负债是相对的，对于现在的年轻人来说，大多数人有负债。有调查报告显示，在被调查的3万个家庭中，56.5%的人有负债。而在这些负债家庭中，每户家庭平均负债总额达到52.2万元。53%的家庭负债在30万元以下，45%的家庭负债在30万～100万元，剩下的10%的家庭负债竟然超过百万元。

从债务的相关数据可知，城镇家庭是负债的主要群体，最大金额的负债来源于房屋贷款。数据显示，约76%的负债家庭都有房屋贷款，每月的按揭房贷是重要支出。

此外，90 后的人均负债超过 10 万元，主要在于超前消费，这也需要引起重视。对于负债的构成，同样以韩先生家的负债为例，进行简单说明，具体如表 1-2 所示。

表 1-2　家庭资产负债表的负债分类

家庭资产负债表		
编制：韩先生	2020 年 8 月 1 日	币种（人民币）
负　债	行　次	金额（元）
一、短期负债	1	
信用卡提现	2	5 000.00
消费贷款	3	10 000.00
其他借款	4	10 000.00
合　计	5	25 000.00
二、长期负债	6	
房屋贷款	7	900 000.00
汽车贷款	8	0.00
其他借款	9	0.00
合　计	10	900 000.00
三、家庭保障负债	11	
财产保险	12	0.00
人寿保险	13	15 432.15
教育基金	14	12 000.00
医疗基金	15	0.00
养老基金	16	4 836.15
其他	17	0.00
合　计	18	32 268.30

负　　债	行　次	金额（元）
四、日常家用负债	19	
日常教育	20	200.00
日常生活	21	5 000.00
日常医疗	22	500.00
其他	23	0.00
合计	24	5 700.00

从表1-2中可以知道，一个家庭的负债主要分为短期负债、长期负债、家庭保障负债、日常家用负债。和众多的家庭形成期或成长期类似，家庭的主要负债为房屋负债，如韩先生房屋负债是90万元，其他的负债都呈现为在一定的规划中，如家庭的生活消费、家庭保障、消费贷款等，说明韩先生对于自身家庭负债是做了规划的。

不同的家庭的负债构成不同，但项目大同小异，更多是在具体的金额上。无论是哪一种家庭，都要注意抑制冲动消费，开源的同时要注意节流，将信用卡、消费信贷以及借款等控制在一定比例。

8 现金流，每月支出算一算

家庭的现金流可以简单地理解为家庭现金的收入与支出，如果一个家庭利润为负，可以借入或用存款解决生活问题，支撑一段时间。但是如果一个家庭现金流为负，就有很多麻烦，很多企业就是在现金流断了以后，最终破产。

生活中，租房的时候，一般都是押一付三，所以一般在季度初就需要支付给房东一大笔钱。在这个月的现金流量表中，现金支出就会有较大的波动，而后两个月因为没有这个支出，就会变得比较平稳。现金的这种变化，一般不会在家庭资产负债表中明显地体现出来，所以我们需要一个现金流量表来总结。

与企业的现金流量表不同，家庭的现金流量表相对比较简单更实用，包括的项目和企业的现金流量表也有明显的差别，如表 1-3 所示。

表 1-3　家庭现金流量表

家庭现金流量表		
编制：韩先生　　　　　2020 年 8 月 1 日		币种（人民币）
收入／支出	行　次	金额（元）
一、工资性收入	1	
工资	2	8 000.00
货币性福利收入	3	1 000.00
兼职或其他工资性收入	4	1 000.00
合计	5	10 000.00
二、投资性收入（当期）	6	
银行利息	7	229.17
股票分红	8	0.00
债券分红	9	0.00
基金分红	10	0.00
其他收入	11	0.00
合计	12	229.17

续表

收入／支出	行　次	金额（元）
三、变现资产的所得	13	
卖出股票的增值收入	14	0.00
卖出债券类增值收入	15	0.00
卖出基金类增值收入	16	0.00
合计	17	0.00
四、其他收入	18	—
其他临时性收入	19	0.00
他人还款	20	5 000.00
偶然所得—彩票	21	20.00
合计	22	5 020.00
收入总计	23	15 249.17
一、日常生活支出	24	
交通费	25	641.00
通信费	26	128.00
餐饮费	27	2 500.00
水电费	28	200.00
其他生活支出	29	200.00
合计	30	3 669.00
二、本息支出（当期）	31	
房贷本息支出	32	4 750.53
车辆贷款本息支出	33	0.00
信用卡还款	34	5 000.00
其他当期的本息支出	35	41.67
合计	36	9 792.20

续表

收入／支出	行　次	金额（元）
三、保费支出	37	
人寿险保费支出	38	1 286.01
教育基金支出	39	1 000.00
养老保险支出	40	403.01
合计	41	2 689.02
四、投资性支出	42	
购买股票支出	43	0.00
购买债券支出	44	0.00
购买基金支出	45	500.00
其他投资性支出	46	0.00
合计	47	500.00
支出总计	48	16 650.22
结余	49	−1 401.05

　　从表 1-3 中可以看到，韩先生家庭该月收入为 15 249.17 元，支出为 16 650.22 元，超支了 1 401.05 元。通过现金流量表可以看出，韩先生家庭每月的主要支出在房贷、餐饮、保费，三者加起来已经超过了当月工资收入。这个月只是信用卡还款就是 5 000 元，建议韩先生可以适当地控制信用卡消费，同时如果工资收入在短期内不能大幅调整，那么可以调控一下保额，降低每个月的保费。

　　家庭的现金流量表是反映家庭当月收支，而家庭的资产和负债，一般是以年为单位计算，家庭的现金流量表也称家庭收入支出表。对于家庭的这些报表，可以通过一些记账 App 来自动生成，对每天的收支记账，在后面的章节将详细说明。

9

投资，子女教育想一想

随着经济不断发展，父母受教育程度增加，他们对下一代的教育规划也在升级，从幼儿园开始，选学校、兴趣班就紧随而上，大家都不希望自己的孩子输在起跑线上。但这也意味着背后的经济负担增加，随着孩子的长大，费用也不断增加。

曾经有专家对家庭收入在 20 万～ 50 万元的家庭进行了调查研究，这些父母都接受过高等教育，多分布在全国一二线城市。结果显示，在接受研究的家庭中，收入增长的家庭合计占 57.5%。家庭年收入和以往比变化不大的占 25%，家庭收入有所减少约占 17.5%。

在支出方面，55% 的家庭子女教育支出占总支出的比例为 10% ～ 30%，9.9% 的家庭子女教育支出占总支出的比例大于 50%。家庭收入越高，对孩子教育的投资越大，且很多家庭都表示在未来一年将提高孩子的教育支出比例，孩子教育和房贷一样，是家庭的主要支出。

对于孩子的教育，同样可以从开源和节流两方面去考虑。开源可以针对家庭的财务状况、风险承受能力、理财目标等，选择投资适合自身的组合理财产品，增加家庭收入。对于喜欢定期储蓄的工薪族，可以选择教育储蓄。教育储蓄是指个人按国家有关规定在储蓄机构开户、存入一定金额的资金、最终用于教育目的的专项储蓄，是一种专门为学生支付非义务教育所需教育金的专项储蓄。

教育储蓄一般 50 元起存，本金最高额为 2 万元，可以和银行约定按月固定存入，可以选择存期为一年、三年、六年。其中一年期、三年期按开户日同期同档次整存整取定期储蓄利率计息，六年期按开户日五年期整存整取定期储蓄存款利率利息。

要注意教育储蓄采用实名制，开户时需要持本人（学生）户口簿或身份证，到银行以储户本人（学生）的姓名开立存款账户。一般开户对象为在校小学 4 年级（含 4 年级）以上学生。

当然除了储蓄外，国家现在对于教育也进行了大量支持，比如，可以非常直观地看见的子女教育专项附加扣除，纳税人的子女接受全日制学历教育的相关支出，按照每个子女每月 1 000 元的标准定额扣除。

根据规定，学历教育包括义务教育（小学、初中教育）、高中阶段教育（普通高中、中等职业、技工教育）、高等教育（大学专科、大学本科、硕士研究生、博士研究生教育）。

年满 3 周岁至小学入学前的处于学前教育阶段的子女也享受此政策。如果子女是在境外接受教育，也可以享受这个扣除，但父母需要保存境外学校的录取通知书、留学签证等材料备查。

在教育金额扣除比例上：父母可以选择由其中一方按照扣除标准的100% 扣除，也可以选择由双方分别按照扣除标准的 50% 扣除，具体扣除方式在一个纳税年度内不能变更。

如果家里有两个孩子，家庭可以每月扣除 2 000 元不纳税，可以选择爸爸扣除或者妈妈扣除，一般建议选择工资较高的一方扣除比较合适，可以更好地降低家庭的经济负担。

假如，一个宝宝在 2020 年 8 月出生，那么在 2023 年 8 月，爸爸妈妈就可以享受这个教育扣除。再往后，假如这个孩子一直读书，小学、初中、高中、本科、硕士、博士，按照目前正常的学制安排，爸爸妈妈一直到2048 年的 7 月，都可以享受这个子女教育扣除。

对于享有教育扣除的父母，一般是未成年人的监护人，包括生父母、继父母、养父母和其他担任未成年人监护人的人员：子女一般包括婚生子女、非婚生子女、继子女、养子女。

教育专项扣除，在某种程度上来说，可以减少家庭开支，正当合理地节税。对于孩子教育的支出，一般可分为刚需性支出、选择性支出、高额支出等。刚需性支出，一般是与孩子学习相关的投入；选择性支出为孩子的各种兴趣班；高额支出如各种夏令营，特别是国际夏令营或学校。

对于刚需性支出，应是全力确保；对于选择性支出，应以孩子的兴趣为主，引导孩子发现自己的兴趣，不强制要求，根据孩子的兴趣以及时间，筛选孩子感兴趣的留下。一般根据孩子的需求，考虑投入的比例。

而对于高额支出，特别是各种夏令营，一般应按家庭的实际情况，根据孩子兴趣、成绩、家庭财务状况等综合考虑，从而决定是否投入或者投入多少。

10 风险，不同种类看一看

投资有风险，入行需谨慎，对于理财的风险，简单分类如下。

◆ 政策风险

政策风险是在理财市场，国家宏观政策以及市场法律法规、相关监管规定发生变化后，可能使理财产品的运作、业绩、清算等发生变化，从而最终影响产品收益的风险。

◆　信用风险

信用风险是在理财市场，某类或某几类理财产品出现了违约情况，最终导致理财者不能收回本金和收益的风险。

◆　流动性风险

当我们将工资卡里的闲置资金购买了某类理财产品后，在产品持有期间，我们的资金被占用，不能按需变现，从而失去了投资其他理财产品的机会，简单理解就是此时资金的流动性较低。

◆　市场风险

市场风险，一般是指理财产品的价值受到未来市场不确定因素影响可能出现的波动，从而最终导致收益不稳、收益为零、本金亏损，是一种常见的风险。

◆　管理风险

管理风险是理财产品在运作过程中，比如，某基金或者股票在运作过程中，因基金管理人的专业、经验、技能等因素给产品的运作和管理带来的影响，最终影响产品的收益或者产生本金亏损的风险。

◆　利率风险

利率风险主要是指在理财市场，在理财产品的存续期间，因为利率的变动，给产品的价格和收益带来影响的风险。

◆　信息传递风险

信息传递风险主要是指，因理财产品的运作者未及时地进行信息披露或者自身没有及时地接收相关信息，做出相应的投资决策变动，从而产生的责任和风险。应随时与理财顾问保持沟通或者联系，发生变动应及时告知并修改。

◆ 不可抗力及意外事件风险

不可抗力及意外事件风险一般包括（但不限于）自然灾害、金融市场危机、国家政策变化等不可抗力给产品的本金或收益带来的风险。

第 2 章

工资理财起步
懂点理财常识很必要

市场利息是怎么计算的？单利和复利计算有什么区别？

物价为什么越来越高？什么是通货膨胀？

什么叫熊市？什么叫行情？

有了理财的理念和原则还不够，还要有一些理财常识储备。所谓兵马未动，粮草先行。

理财常识就是家庭或个人理财的"粮草"，在理财之前掌握一定的"粮草"很有必要。

❶ 复利，一寸光阴一寸金

有句话说：宇宙间最大的能量是复利，世界的第八大奇迹是复利。

现实生活中，处处都存在着复利现象，比如一些借贷的利息。生活中处处是复利思维，锻炼、读书、沟通、教育等都有复利的影子。

每天叫醒你的公式，不知道大家听过没有，公式如下所示。

$1.01^{365}=37.783\ 434\ 332\ 89$；$1.01^{1000}=20\ 959.16$

$0.99^{365}=0.025\ 517\ 964\ 452\ 29$；$0.99^{1000}=0.000\ 043$

这个公式说明，每天进步 0.01，1 年就是约 37 倍的增值，3 年就是约 2 万倍的增值。如果每天退步一点点，1 年以后，甚至 3 年以后，退步是相当巨大的。

在了解复利之前，来看两个小故事。

案例故事

关于复利的时间价值

曾经有研究院做了这样一个研究：假设刘女士在 20 岁时申请了一个账户，每年存入 1 万元，连续 5 年后便再也没有续存，每年只收取利息。而张女士在 25 岁开始存钱，同样每年存入 1 万元，直到 65 岁。

最终结果让人意外的是，存钱更少的刘女士得到的利息却比张女士更多，但是明明张女士存钱时间更久，只是刘女士存钱时间比张女士早 5 年，这早的 5 年比额外多存钱的 35 年更有价值。

案例故事

关于复利的量变到质变

曾经有一位很爱下棋的国王，技艺高超，一直以来从未遇到对手，为了挑战自我，于是他向全国颁布了一封诏书：不管是谁，大官还是平民，只要下棋能赢过他，他就答应他一个要求。

诏书颁布后不久，一位年轻人来到王宫，请求与国王一战。紧张激战后，年轻人赢了，国王遵守承诺，询问年轻人要什么奖赏。年轻人回答，只有一个很小的要求：在我们下棋的棋盘上放一些稻粒，从棋盘的第一个格子开始，第二个格子中放入前一个格子数量一倍的稻粒，接下来每一个格子中放的稻粒数量都是前一个格子中的一倍，直到将棋盘中的每一个格子都填满。

国王想了一下，觉得要求很小很简单，欣然同意了。但是很快国王发现，即使将国库中的所有稻粒都给他，还不够百分之一。

年轻人的要求很低，从一粒开始，但是经过不断翻倍，很快就变成天文数字。假如按 1 公斤稻粒约 4 万粒，换算成吨，约等于 4 612 亿吨，根据统计，我国 2019 年全国粮食年总产量才 6.6384 亿吨。

上面两个小故事说出了复利的本质——时间价值和积少成多，应了那句话，一寸光阴一寸金。

那么，什么是复利呢？复利在经济学的领域又代表什么？复利在经济学领域，英文名称为 Compound Interest，复利是利息计算的一种公式，利息不是单一的本金与利息率的计算，而是本金加上上一期的利息作为当期的本金，计算相应的利息的公式，也是我们常说的利滚利。

复利的利息计算公式：$F=P(1+i)^n$

其中，F 代表终值或者未来值，如 1 万元本金定存 1 年后的本息的价值；

P 为现值或期初金额，本金 1 万元；*i* 为银行利率或折现率；*n* 为计息期数。现实中的复利计算一般按照年、半年、季、月或日利率计算利息，其中年利率、月利率、日利率运用最多。

案例故事

产品复利计算

张某今年 25 岁，毕业 3 年一直在一家 IT 公司做行政，每个月工资不高，在 4 500 元左右。她每个月除去房租、水电生活费，剩余 1 500 元左右，如果遇到朋友结婚或者旅行计划，基本就没有剩余，甚至还要动用以前的储蓄。

但一直以来，张某每月都将省吃俭用下来的钱在银行存 500 元，朋友劝她买一些理财产品试一试，她说我资金不多，而且股票风险又大，如果赔了就要倾家荡产了，所以还是将钱存在银行稳妥。

最近，张某看周围的朋友都开始理财，100 元就可以起投，且年化收益率为 8% ~ 15%，远远高于银行的定期利息。于是她初步计算了一下：如果她将每个月存入银行的 500 元用来投资，1 年后，按照复利计算公式 $F=P(1+i)^n$，6 000 元的本金就变为 6 765.00 元；30 年后，就为 219 607.80 元（年利率为 12.75%）。

通过上面的故事可知，为什么每个月投入 500 元，30 年后就能获得 20 多万元呢？答案就是复利的本质利滚利。

现在银行存款的利息是采用单利计算利息的，单利计息相对简单，一般采用公式：利息 = 本金 × 利率 × 计息期数，如 1 万元的本金，年利率为 2.75%，定存 3 年，利息 =10 000×2.75%×3=825（元）。

物价，跑过了薪水怎么办

"万元户"这个词是 20 世纪 80 年代特有的标签，指家庭年收入在 1 万元以上的家庭。在当时是大家学习的楷模和榜样，如果一个村里有一个万元户，村里还会给予表彰，号召大家向万元户学习，尽快富裕起来，那时候为什么 1 万元的家庭收入就很让人羡慕了呢？

当时人均消费能力，城里工人的月工资为 20 ～ 30 元，米价在 0.12 元 / 斤左右，猪肉在 0.95 元 / 斤左右。10 元钱能买 80 多斤大米，500 多斤大白菜，500 根冰棍，而现在 10 元只能买 3 斤左右大米，1 ～ 10 根冰棍，4 斤大白菜。

当时城里结婚嫁妆常见的是"三转一响"，其中：第一转是"自行车"；第二转是"缝纫机"；第三转是"手表或者钟表"；一响就是"收音机或者电视机"。当然具体还是看个人的家庭经济情况。而现在结婚，嫁妆换算成的金额很大。假设当时一个工人的工资 30 元相当于现在的工资 2 万多元，按购买力算当时的万元户就相当于现在家庭年收入在百万元以上的家庭。

为什么购买力却下降了呢？原因就是通货膨胀。什么是通货膨胀？看下面一个小故事。

案例故事

生活中的通货膨胀

李先生的父亲是一位老工人，退休在家约 10 年了，李先生每月给父亲 1 000 元的生活费，另外，父亲自己每月领取 3 500 元的养老金。

周末回家的时候，李先生的父亲很高兴地告诉李先生，他的养老金上调了5%，每月可以多领175元。老人家早餐最喜欢吃小笼包，于是他通过小笼包算了一个账。以前吃小笼包8元一笼，现在12元一笼，3 500元可以吃437.5笼，而现在3 675元只能吃306.25笼，要少吃131.25笼，养老金涨了，但是能买到的小笼包却减少了。

通过上述的故事说明了通货膨胀对物价的影响。通货膨胀和一般物价上涨是有区别的，一般物价上涨无非是商品供求关系的变化引起的暂时、局部、可逆的变动，不会造成货币贬值。而通货膨胀会造成一国国内的主要商品的物价持续、普遍、不可逆的上涨。通货膨胀在某种程度上，对于低收入者和以工资、租金、利息为收入者，具有一定的损害。

如同反映利息高低的利率，通货膨胀同样可以用通货膨胀率来表示。在经济学上，通货膨胀率是一般价格总水平在一定时期（通常是1年）内的上涨率。

根据相应的公式，通货膨胀率＝（现期物价水平－基期物价水平）/基期物价水平。如何应对通货膨胀，大家的观点不一样，有人说买房，有人说存钱，那么会不会赚钱越多在通货膨胀的环境下，亏损越多呢？

如果通货膨胀率为6% ~ 8%，那么薪酬涨幅或者理财收益率就应该高于这个数字。目前来说，最能抵抗通货膨胀的一方面是保值升值的资产，如房产，尤其是一二线大城市的房产。

此外，一些投资理财期限较长的理财产品也是不错的选择。另一方面就是消费，当然不是超额的物品消费，更多的是投资自我价值的课程，如管理课程、理财课程、小语种课程等的消费。

❸ 风险，"鸡飞蛋打"怎么破

第 1 章介绍了理财将面临各种的风险，如市场、信用、管理、政策、信息传递、流动性等风险。而产品本身也具有风险，它的风险还可以根据等级来划分，下面将以案例来说明。

案例故事

风险等级划分

张先生的一个朋友在银行工作，周末聚餐后，朋友向他推荐了一款银行理财产品。张先生平时忙于工作，对于理财知道得也不多，朋友说他可以先看一下产品说明书，再做决定。产品说明书中的该产品的详情如表 2-1 所示。

表 2-1　产品说明书

项　　目	明　　细
产品名称	中国工商银行个人高净值客户专属 90 天增利人民币理财产品
产品代码	ZL90D02（本产品的风险评级仅是工商银行内部测评结果，仅供客户参考）
产品风险评级	PR2
销售对象	个人高净值客户
目标客户	经工商银行客户风险承受能力评估为稳健型、平衡型、成长型、进取型的有投资经验和无投资经验的客户
期限	开放式无固定期限产品（持有份额封闭 90 天后可赎回）
产品类型	非保本浮动收益类

张先生发现在产品说明书中，对于风险等级进行了单独的列示，如表 2-2 所示。

表 2-2　风险等级说明

中国工商银行产品风险评级说明 （本评级为银行内部评级，仅供参考）			
风险等级	风险水平	评级说明	目标客户
PR1级	很低	产品保障本金，且预期收益受风险因素影响很小；或产品不保障本金，但本金和预期收益受风险因素影响很小，且具有较高流动性	经工商银行客户风险承受能力评估为保守型、稳健型、平衡型、成长型、进取型的有投资经验和无投资经验客户
PR2级	较低	产品不保障本金但本金和预期收益受风险因素影响较小；或承诺本金保障但产品收益具有较大不确定性的结构性存款理财产品	经工商银行客户风险承受能力评估为稳健型、平衡型、成长型、进取型的有投资经验和无投资经验的客户
PR3级	适中	产品不保障本金，风险因素可能对本金和预期收益产生一定影响	经工商银行客户风险承受能力评估为平衡型、成长型、进取型的有投资经验的客户
PR4级	较高	产品不保障本金，风险因素可能对本金产生较大影响，产品结构存在一定复杂性	经工商银行客户风险承受能力评估为成长型、进取型的有投资经验的客户
PR5级	高	产品不保障本金，风险因素可能对本金造成重大损失，产品结构较为复杂，可使用杠杆运作	经工商银行客户风险承受能力评估为进取型的有投资经验的客户

（注：此表仅供参考，具体请以官方文件为准。）

通过上面的例子可以看到，朋友推荐给张先生的理财产品，风险较低，在五个等级中处于第二级，适合稳健型、平衡型、成长型、进取型的有投资经验和无投资经验的客户。

那么现在问题来了，张先生怎么知道自己属于适合客户的哪一类呢？

不管是购买银行产品还是理财产品，首先都需要做一个客户风险能力测评，看下面的小案例。

案例故事

风险能力测评

　　2020 年，李先生所在的外贸公司受到了一定的影响，公司对李先生和其他的同事都做了一定程度的降薪。所以在工作之余，李先生打算兼职或者投资一些理财产品，增加家庭的收益，在购买之前，平台要求李先生先做一些风险测试。

　　首先，填写个人的基本信息，如用户名、身份证、资金账号、营业部等信息，如图 2-1 所示。

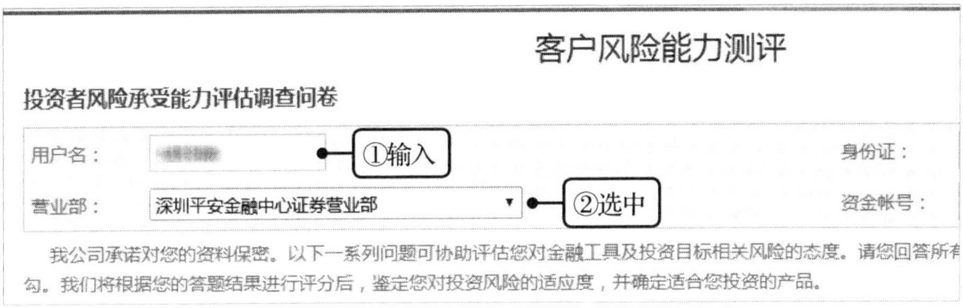

图 2-1　填写个人基本信息

　　其次，对一些个人基本问题进行选择回答，通过回答相关问题，评估对金融工具及投资目标相关风险的态度。

　　最后，通过对最终的答题结果进行评估，平台将鉴定个人对于投资风险的适应度，并确定适合投资的产品。

　　测试的内容通常包括投资目的、投资期限、投资经验、财务状况、风险承受水平、投资习惯等。要求个人作答时应根据实际情况，以免影响评估风险，具体操作如图 2-2 所示。

　　首先是对于投资目的的选择，一般从投资目标、投资收益、投资亏损三方面说明。

　　对于投资目标，一般有激进增长、显著增长、稳健增值、谨慎亏损、避免亏损等选项，个人应根据家庭的实际情况进行选择，选择最符合实际的一种，如图 2-2 所示，李先生选择的是稳健增值。

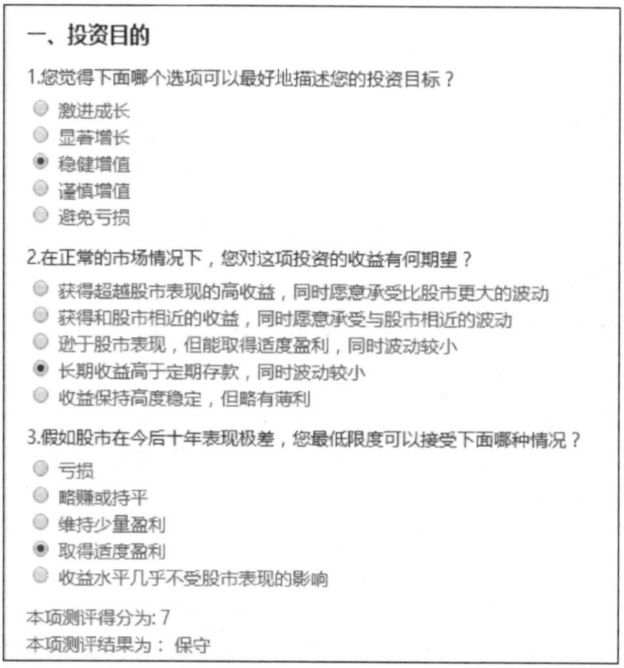

一、投资目的

1.您觉得下面哪个选项可以最好地描述您的投资目标？

- 激进成长
- 显著增长
- 稳健增值
- 谨慎增值
- 避免亏损

2.在正常的市场情况下，您对这项投资的收益有何期望？

- 获得超越股市表现的高收益，同时愿意承受比股市更大的波动
- 获得和股市相近的收益，同时愿意承受与股市相近的波动
- 逊于股市表现，但能取得适度盈利，同时波动较小
- 长期收益高于定期存款，同时波动较小
- 收益保持高度稳定，但略有薄利

3.假如股市在今后十年表现极差，您最低限度可以接受下面哪种情况？

- 亏损
- 略赚或持平
- 维持少量盈利
- 取得适度盈利
- 收益水平几乎不受股市表现的影响

本项测评得分为: 7

本项测评结果为： 保守

图 2-2　投资目的测试

对于投资收益，该项主要以股市对照分析，我们都知道股市较高风险较高收益。追求高风险者可能会选择愿意承受比股市更大波动的损益；追求稳者可能会和李先生一样选择长期收益高于定期存款，同时波动较小，或者收益保持高度稳定，但略有薄利。

通过三个问题的选择性回答，平台自动打分，并最终得出结果。根据该结果，李先生的投资目的偏于保守，该项得分为 7 分。

接下来对投资期限和投资经验进行选择，具体介绍如图 2-3 所示。

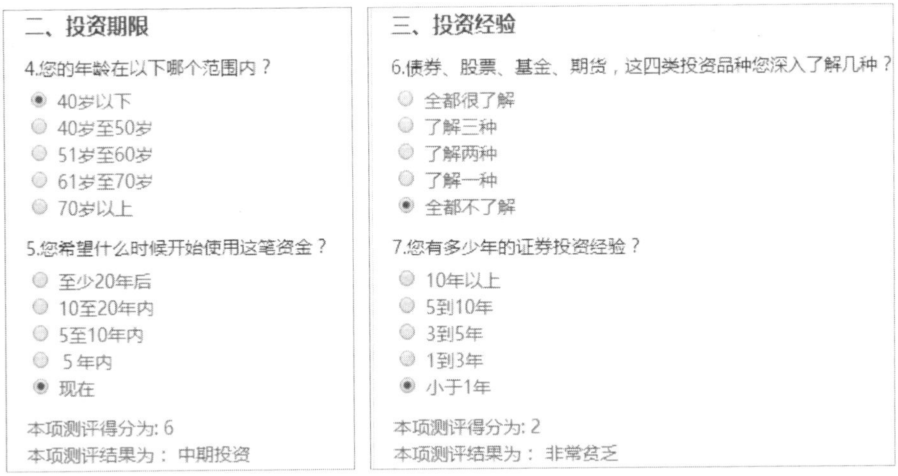

二、投资期限

4.您的年龄在以下哪个范围内？

- ● 40岁以下
- ○ 40岁至50岁
- ○ 51岁至60岁
- ○ 61岁至70岁
- ○ 70岁以上

5.您希望什么时候开始使用这笔资金？

- ○ 至少20年后
- ○ 10至20年内
- ○ 5至10年内
- ○ 5年内
- ● 现在

本项测评得分为：6
本项测评结果为：中期投资

三、投资经验

6.债券、股票、基金、期货，这四类投资品种您深入了解几种？

- ○ 全都很了解
- ○ 了解三种
- ○ 了解两种
- ○ 了解一种
- ● 全都不了解

7.您有多少年的证券投资经验？

- ○ 10年以上
- ○ 5到10年
- ○ 3到5年
- ○ 1到3年
- ● 小于1年

本项测评得分为：2
本项测评结果为：非常贫乏

图 2-3　投资期限和投资经验测试

通过对投资期限和经验的测试，我们知道李先生适合中期投资，同时缺乏投资经验。紧接着，对财务状况和风险承受水平进行测试，如图 2-4 所示，主要从投资规模、家庭收入、投资期望、投资态度进行测试。

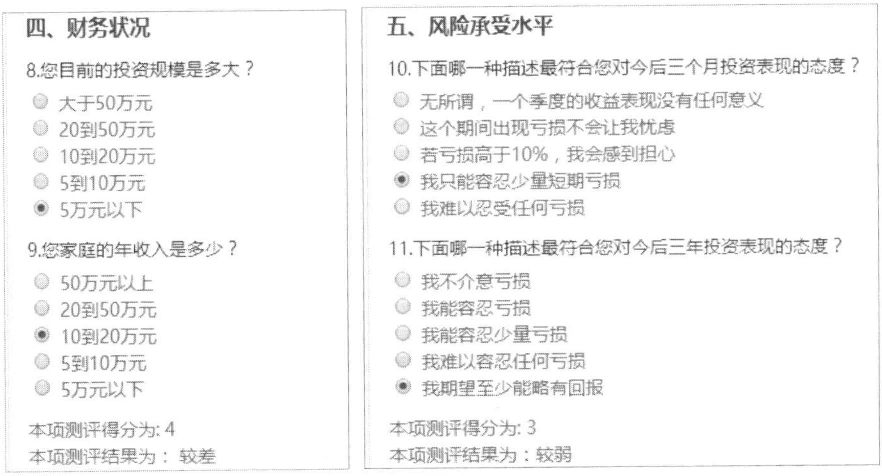

四、财务状况

8.您目前的投资规模是多大？

- ○ 大于50万元
- ○ 20到50万元
- ○ 10到20万元
- ○ 5到10万元
- ● 5万元以下

9.您家庭的年收入是多少？

- ○ 50万元以上
- ○ 20到50万元
- ● 10到20万元
- ○ 5到10万元
- ○ 5万元以下

本项测评得分为：4
本项测评结果为：较差

五、风险承受水平

10.下面哪一种描述最符合您对今后三个月投资表现的态度？

- ○ 无所谓，一个季度的收益表现没有任何意义
- ○ 这个期间出现亏损不会让我忧虑
- ○ 若亏损高于10%，我会感到担心
- ● 我只能容忍少量短期亏损
- ○ 我难以忍受任何亏损

11.下面哪一种描述最符合您对今后三年投资表现的态度？

- ○ 我不介意亏损
- ○ 我能容忍亏损
- ○ 我能容忍少量亏损
- ○ 我难以容忍任何亏损
- ● 我期望至少略有回报

本项测评得分为：3
本项测评结果为：较弱

图 2-4　财务状况和风险承受水平测试

通过上述测试，我们知道李先生风险承受水平能力较弱，财务状况需要进行改善。

　　最后对个人的投资习惯进行测试，主要从投资的证券品种和持股周期进行测试。根据测试结果，李先生比较适合国债类的投资，如图2-5所示。

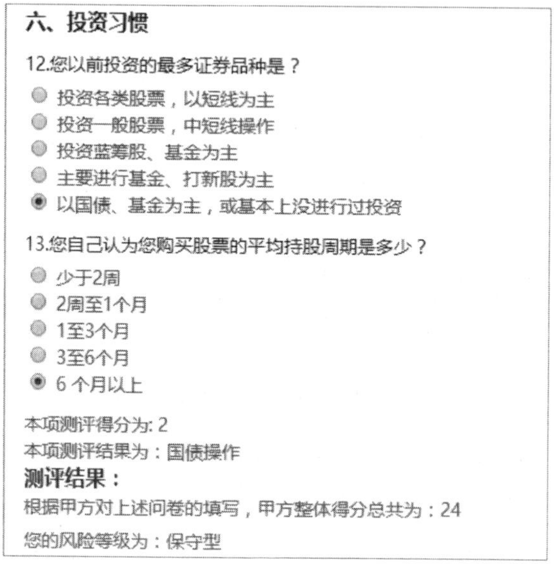

六、投资习惯

12.您以前投资的最多证券品种是？

　◎ 投资各类股票，以短线为主
　◎ 投资一般股票，中短线操作
　◎ 投资蓝筹股、基金为主
　◎ 主要进行基金、打新股为主
　◉ 以国债、基金为主，或基本上没进行过投资

13.您自己认为您购买股票的平均持股周期是多少？

　◎ 少于2周
　◎ 2周至1个月
　◎ 1至3个月
　◎ 3至6个月
　◉ 6个月以上

本项测评得分为：2
本项测评结果为：国债操作

测评结果：

根据甲方对上述问卷的填写，甲方整体得分总共为：24

您的风险等级为：保守型

图2-5　投资习惯测试

　　根据最终的测试结果，李先生的风险等级为保守型，一般适合PR1或PR2的低风险类的理财产品。

　　投资有风险，投资需谨慎。理财也如此，不同的理财产品风险大小不一，而个人家庭投资目的、投资习惯、风险承受水平等不同，所以适合的理财产品也不同。

　　不要把所有的鸡蛋放在同一个篮子里，更不要把母鸡和鸡蛋捆绑在一起，可能孵出更多的小鸡，更可能鸡飞蛋打。同样的道理，不要用所有的闲置资金购买一种理财产品，分散理财风险很重要。

④ 分期，甜蜜的小陷阱

当购物支付时，你会选择全款还是分期?

如果我们是小型购物，一般选择微信或者支付宝，那么大多是全款，而某些大型商品，可能支付宝里的花呗会支持分期付款。

贷款买房，典型的就是分期付款，当然还有分期买车等。那么到底分期好不好，有没有什么坑? 看下面一个小故事。

案例故事

分期付款那些事儿

马某今年 25 岁，毕业后在一家互联网公司做策划，月均工资 5 000 元，每月房租、房贷、生活消费等总计在 4 500 元左右。马某打算在"十一"和女友结婚，婚房已经准备好了，但是装修还需要一大笔钱。而积蓄不多的他根本没有实力一下拿出 10 多万元来装修，何况还有婚庆、旅行等费用需要他来买单。

为此他很烦恼，且 2020 年公司的业绩不好，工资也没有上调的可能。有一天和朋友无意聊起，朋友告诉他，银行现在已经有了家装分期业务，可以考虑。

于是，马某去银行咨询了解到，该业务审核通过后，刷卡即可，无利息，一年期，4% 的手续费，手续费在首期还款时支付，另外可以延期 6 个月。他想了想，该业务可以暂时缓解资金压力，等到年底年终奖下来，就可以还款。

但马某也担心，这样的分期付款，提前消费，最终他会不会为此支付更多的金额呢?

考虑到他正打算结婚，银行人员还告诉他，如果还有其他的消费也可以尝试银行的分期，比如买车，分期比全款更划算。一辆 12 万元的小汽车，如果在银行申请 24 期分期付款，那么只需首付 4 万元，7% 的手续费，每月还款 3 000 多元。还可以选择 12 期分期付款，手续费是 2%。如果汽车厂商和银行有合作的话，手续费会降低一点，如 24 期的分期降低两个点。但他算了算，如果按照 24 期 7% 的手续费，他需要比正常消费多支付约 5 600 元。

通过上面的故事可以看到，分期消费确实可以在一定程度上缓解资金压力，但同时需要支付一定的手续费和利息，利息减免的情况除外。

需要注意的是，刷卡分期付款虽然免息，但手续费有时可能会高于同期贷款利率，有时可能也低于贷款利率，一般还款期数不同手续费标准不同，购买不同种类的商品手续费标准也不同。

一般来说，购买家电的手续费偏低，而家装、购车的分期付款手续费则相对偏高。有的银行会收取固定比例的手续费，有的银行则根据分期的期数决定。一般期数越多，手续费越低，但有的银行则相反。如果提前还款，一般不会退还手续费，因此，分期前应注意。

随着时代的发展，当代的 95 后年轻人是消费的主力，对于分期消费的接受度也很高。合理、理性的分期有利于年轻人的消费，在未来收入可期的前提下，合理地利用未来的资金，提升生活品质是可以的。

除了实物商品分期外，分期消费已嵌入旅游、运动、健身等各个服务领域，而且除了银行外，越来越多的互联网企业也加入分期市场，例如，百度"有钱花"、京东"白条"、苏宁"任性付"、蚂蚁"花呗"以及美团"生活费"等。在此仍要提醒一句：借了钱可是都要还的！

对于网上购物的商家分期，我们要注意，现在分期消费的收费在有关规定下各家有着各自的标准。商家各自定的利率或手续费不同，且实际利率高低不一，一般的消费者难以分辨，如定价为 12 000 元的笔记本电脑，可以选择 3 期、6 期、12 期、24 期付款。如果消费者选 12 期付款，每期付款 1 079.8 元，总共要花 1 2957.6 元，比原价多出 957.6 元。当前银行消费贷利率在 5.35% 左右，该商品的手续费率却达到 7.98%。对于有些商家的免息分期商品的手续费率，换算成年利率，有的可能更高，所以要注意细算。

如果出现分期消费违约，一般会影响违约者的征信记录，严重的甚至会被纳入失信黑名单，影响正常的交通出行和住房贷款。

为了收回资金，有的商家、平台可能会对违约者的工作和生活进行干扰，所以要选择分期时，一定要慎重考虑消费和资金状况，理性消费，避免影响正常生活。

⑤

信用卡，滥用后和酒驾一样危险

现在无论是聚会还是应酬，酒桌文化已经过时了，当然不是不流行，而是酒驾真的很危险。

还有一件和酒驾一样危险的事，那就是滥用信用卡。

在生活中，信用卡要不要办？怎样才算正常使用信用卡？滥用信用卡有没有什么标志？

信用卡到底怎么用？我们来看一个小故事。

案例故事

滥用信用卡触犯法律

2018 年，张某大学毕业刚工作，在银行申请了一张信用卡用于日常的消费，在"十一"黄金周的时候，刷卡消费总计 44 792.15 元。后来因为失业，无力偿还该信用卡，就更换了相应的手机号。

银行通过电话、短信、联系其家人与单位的方式进行催收，多次催收未果后，银行向公安机关报案。在 2020 年，张某归还了欠款与违约金共 58 424.03 元。

但经公安机关侦查，张某的行为已经涉嫌构成信用卡诈骗罪，对其依法提起公诉。最终，张某因信用卡诈骗罪被判处有期徒刑一年九个月，缓刑两年，并处罚金 2 万元。

张某的故事就是极端的信用卡滥用现象，属于恶意透支。根据《刑法》第一百九十六条第二款的规定，恶意透支是指信用卡的持卡人以非法占有为目的，超过规定限额或者规定期限透支。并且经发卡银行催收后仍不归还的行为。当然是否是恶意透支，还需要根据具体情形区别。

此外还需要注意的是，使用伪造的信用卡，或者使用以虚假的身份证明骗领的信用卡的；使用作废的信用卡的；冒用他人信用卡的；恶意透支的，根据《中华人民共和国刑法》第一百九十六条规定，有上述情形之一，进行信用卡诈骗活动，数额较大的，处五年以下有期徒刑或者拘役，并处二万元以上二十万元以下罚金；数额巨大或者有其他严重情节的，处五年以上十年以下有期徒刑，并处五万元以上五十万元以下罚金；数额特别巨大或者有其他特别严重情节的，处十年以上有期徒刑或者无期徒刑，并处五万元以上五十万元以下罚金或者没收财产。

虽然信用卡很好用，但不好好用，就可能会变成灾难，可能付出惨重的代价。

除了这些，日常生活中，也常见一些滥用信用卡的现象，看下面一个小故事。

案例故事

生活中滥用信用卡

王某和张某是同学，毕业后两人都去了互联网公司工作。王某在一家互联网公司做程序员，张某在互联网公司做文员，王某每月收入 8 000 元左右，张某每月收入 4 000 元左右。

王某的朋友圈很平淡，基本都是加班图片；张某的朋友圈很精彩，旅行照、周末聚会、漂亮的餐厅。

有一次，张某给王某打电话借款 2 万元，原因是信用卡欠债 5 万元，而她现在根本还不上。别看她朋友圈都是精致的生活，其实每到发工资的时候，就特别崩溃，特别是今年公司的业绩不好，她因为一些原因辞职了，目前还在待业中，所以资不抵债。

现在很多年轻人都这样，生活消费基本都在信用卡的账单里，所有的精致都是由信用卡构筑的美梦，无论经济状况多么差，都使用信用卡。

故事中的张某，就是很常见的信用卡滥用，过度消费。随着信用卡的普及，很多人也陷入了不正确的提前消费的观念里，通过信用卡买高科技的电子产品、买好看的衣服和包、到处去旅行等。这样的过度、不合理地使用信用卡在一定程度上缓解了资金压力，但同时也导致不自律、消费过度等，使消费者进入了一个恶性循环，给生活和事业带来了严重的影响。

避免滥用信用卡，应做好消费规划，勤俭节约，开源节流不能忘。一定不要轻易去提高信用卡的额度，尽量不办理多家银行的信用卡。此外不要逾期、不要用信用卡提现、不要往信用卡里存钱、不要盲目挂失或补卡。申请高额度的信用卡要谨慎，闲置的信用卡最好销卡。

6

收益，粒粒皆辛苦

理财的目的是减轻家庭的经济负担，实现财产的保值和增值，理财的收益是大家都很关心的话题，那么，如何看产品的收益呢？

银行存款的收益可以用利率来计算，具体计算方法在前面章节已经介绍过了，但对于理财产品，可以通过预期收益和实际收益来计算相关收益，看下面一个小故事。

案例故事

产品收益小计算

刘某最近将闲置的 1 万元资金，在朋友的推荐下，在银行购买了一款理财产品 A。A 产品的七日年化收益率为 3.38%，他投资本金 1 万元。该产品的风险中等，适合稳健型、进取型、积极进取型级及以上客户。在持有一个周期 30 天后，他打算赎回该产品。

在产品说明书中对收益进行了相关说明，如客户收益 $=M_0 \times (P_i - P_0)$ 其中，M_0 为客户持有份额；P_i 为客户兑付时产品单位净值；P_0 为客户购买时产品单位净值。

刘某是在募集期内购买的本产品，投资本金为 10 000.00 元，购买产品时单位净值为 1.000 000 元 / 份，持有份额为 10 000.00 份。产品存续期未发生提前终止，他持有 1 个周期，银行于周期到期兑付日公布前一个自然日的产品单位净值为 1.004 173 元 / 份。

则赎回金额 $=10\ 000 \times 1.004\ 173 = 10\ 041.73$（元）；持有期收益 $=10\ 000.00 \times$（$1.004\ 173 - 1.000\ 000$）$=41.73$（元）

从上例中可以看出，产品的实际收益计算与持有周期和单位净值相关，理财产品收益可以用公式：收益＝购买资金 ×（年化收益率 ÷365）× 理财实际天数，来计算。例如，B 款理财产品期限为 30 天，预期年化收益率为 6%，张某购买了 2 万元 B 款产品，持有到期，那么他所获得的收益为：20 000 ×（6%÷365）×30=98.63（元）。

产品的收益可以通过年化收益率来计算，年化收益率是把当日收益率、周收益率、月收益率或者往期的收益综合考量后，进行年化后得出的数据，并不是真正意义上的收益率，只是一种理论值。

常见的理财产品很多时候会用七日年化收益率或者万份年化收益率来计算相关收益，如余额宝的收益，如图 2-6 所示。在当日余额宝的每万份收益为 0.407 6 元；7 日年化收益率为 1.489 0%；14 日年化收益率为 1.47%；28 日年化收益率为 1.45%。

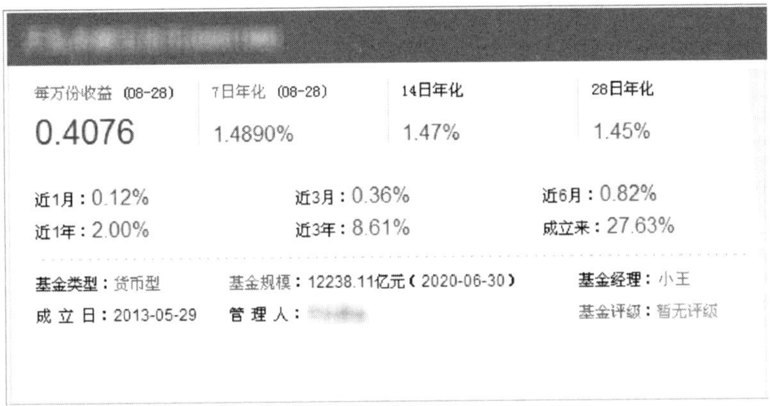

图 2-6　余额宝的收益率

产品的实际收益每天都在变化，年化收益率只作为参考，如预期 3% 的年化收益率，到期后可能收益率只为 0.15%，也可能存在亏本的风险。具体的收益计算，在产品的说明书中都会有具体的说明。

⑦ 熊市，你不知道的事儿

不管是理财高手还是理财新人，大都听过熊市和牛市的说法。熊市和牛市，用童话故事来说，熊市就是狗熊低头走路，低低低；牛市就是牛昂首挺胸，高高高。

在经济学中，牛市与熊市是股票市场行情预料的两种不同趋势：牛市预料股市行情看涨，熊市预料股市行情看跌；牛市前景大好，熊市前景悲观。熊市又叫作空头市场，英文 bear market，是证券的价格不断走低，总体向下，虽然可能存在反弹，但不易操作。

如何知道当前市场或者未来市场是处于熊市还是牛市呢？一般熊市都具有一定的标志。

①虽然有利好消息，但是股价不涨反跌。

②市场普遍看好，股民疯狂买入，熊市来临先兆。

③行情一片大跌，市场不利消息不断。

④股民纷纷抛售股票，股价大跌。

⑤成交量增加，股价却不行。

⑥投资者相继弃权。

⑦其他市场不利好。

⑧股民们从股市转移到相对安全的市场，如黄金。

⑨企业大量举债，利润减少或亏损，股价下跌。

⑩资金需求量大的公司，股价连续下跌。

熊市并不是一下就形成的，一般会经历三个阶段，出货期、恐慌期、相对平缓期。在出货期，主要表现为，一些投资者察觉到股票公司的不正常情况，开始大量出货，成交量高，大众热衷于交易，股价出现下跌的趋势。

在恐慌期，一些人急于脱手手中的股票，一些人在观望，价格下跌趋势加速甚至到垂直，此时可能会出现一段时间的次级反弹或横向变动。在相对平缓期，一些业绩优良的股票持续下跌，股价实现最坏预期。一般坏消息到来的最后时刻之前，熊市就已经过去了。

影响熊市的因素很多，例如，经济因素、政治因素、技术因素。经济因素主要包括企业的盈利状况、国民经济状况、利率变动、货币供应量变动等。

当企业的盈利较少或者出现亏损时，购买该企业股票的股民减少，股票的价格看跌，可能就会逐渐出现熊市。此外在经济衰退时，企业的产品滞销，生产减少，使企业盈利减少或者亏损，股票价格也会出现看跌。

当利率上升，特别是贷款利率，会使企业的负担加重，也会在一定程度上影响企业的盈利，使股民对于该企业的股票需求降低，甚至抛售该企业的股票，股价也会看跌。当货币供应量增加，流入股市的资金增多，股民需求增加，可能引起股票上涨。

政治因素表现为战争、政权更迭及其他重大事件等给股市带来的看跌的影响。

技术因素是指股市交易本身的影响因素，如抛售风潮、不同的交易方式、大户买卖行为等，都可能会逐渐形成熊市。对于熊市中的一些操作将在后面的股市章节中有所说明。

8 行情，综合分析是王道

随着时代的发展，人均收入的提高，现在具有理财意识的人越来越多，但是很多人没有专业的理财知识，购买一款理财产品，可能更多的是看当前收益或风险，只凭个人判断或者朋友推荐。实际上，在购买前，应对即将购买的理财产品的行情有一个基本的分析。

对于理财产品的行情应综合考虑，如企业的经济发展状况、行业现状、过往业绩等。以股票为例，产品行情最直观的表现就是开盘价、收盘价、最高价、最低价、涨跌幅、最新价等。

开盘价又可以理解为开市价，是指某种证券在证券交易所每个交易日开市后的第一笔成交价格。世界上大多数证券交易所都采用成交额最大原则来确定开盘价。收盘价一般为当日该证券最后一笔交易前 1 分钟所有交易的成交量加权平均价。

最高价和最低价是每个交易日中证券成交的最高价格和最低价格，有时最高价位或最低价位只有一笔，有时不止一笔。在我国股市中有涨跌停限制。当日最高只能涨 10%，也就是最高价最多只能是开盘价的 110%，比如，开盘价为 5 元，则最高价为 5.5 元。

涨跌幅是对涨跌值的描述，公式：涨跌幅 = 涨跌值 / 昨日收盘 ×100%。涨跌值是当前交易日收盘价与前一交易日收盘价相比较所产生的数值。

最新价是该交易日当前所成交的最新成交价格。

对于当日行情的分析，可以用行情趋势图来描述，债券或基金的行情趋势图相对简单，而股票的 K 线图相对复杂。

对于产品的行情，可以借助相关的行情分析网站或者软件进行了解，如和讯网、东方财务网、上海证券交易所官网等，这里以证券交易所官网为例进行介绍。

案例故事

上海证券交易所行情分析

首先，登录上海证券交易所的官网，然后单击"行情报表"超链接，进入行情报表页面了解详情，如图 2-7 所示。

图 2-7 登录上海证券交易所官网

在行情报表页面，选择想要了解的种类的行情，包括股票、基金、债券等，如在该页面单击"基金"选项卡，可以看到有关基金列表中的基金开盘价、收盘价、涨跌幅等信息。然后单击"501005"超链接，如图 2-8 所示。

序号	证券代码	证券简称	最新	涨跌幅	涨跌	前收	开盘	最高	最低	振幅
1		国金鑫新	1.017	-0.49%	-0.005	1.022	1.019	1.019	1.017	0.20%
2	501001	财通精选	1.885	1.13%	0.021	1.864	1.815	1.885	1.815	3.76%
3	501005	精准医疗	1.853	3.35%	0.060	1.793	1.797	1.854	1.794	3.35%

图 2-8 基金行情

打开"501005"基金详情页面，可以看到相关基金的基本信息、成交概况、基金规模、公告申购赎回清单、相关公告、本日行情等信息，如图2-9所示。

精准医疗501005

基本信息　成交概况　基金规模　公告申购赎回清单

相关公告

▸ 501005:汇添富基金管理股份有限公司旗下基金2020年中期报告提示性公告

▸ 501005:汇添富中证精准医疗主题指数型发起式证券投资基金（LOF）2020年中期报告

▸ 501005:汇添富中证精准医疗主题指数型发起式证券投资基金（LOF）2020年度第2季度报告

▸ 501005:汇添富基金管理股份有限公司旗下基金2020年第2季度报告提示性公告

▸ 501005:汇添富基金管理股份有限公司旗下基金2020年第1季度报告提示性公告

基金概况

基金代码	501005
基金简称	精准医疗
基金扩位简称	精准医疗LOF

本日行情

501005　精准医

1.853

图 2-9　精准医疗 501005 基本信息及行情图

对于产品的行情分析，除了产品本身行情之外，背后发行产品的企业了解也很关键，一般可以从三大报表去了解。

第 3 章

工薪族要规避的投资误区

看了那么多理财书籍，为什么还是不想理财、不会理财？

这个月的工资还不够还信用卡怎么办？

零息贷款很心动，很想试一试。

都没有看见账单，为什么没钱了？

以上的理财陷阱，你掉进去了几个？规避理财误区，从自身做起。

❶ 盲目，纸上空谈兵

关于作战战略，我们知道《孙子兵法》与《三十六计》，那你知道纸上谈兵吗？纸上谈兵是好还是坏？

案例故事

关于纸上谈兵

赵奢是赵国名将，为赵国屡建战功。其子赵括从小读过不少兵书，谈起用兵之法滔滔不绝，甚至连父亲都及不上他。赵括认为自己是个了不起的军事家，甚至天下无敌，但是父亲赵奢却从未赞扬过儿子，反而很担忧。赵奢想到，如果以后不让儿子带兵也就罢了，如果带兵打仗，必败无疑。

过了几年，赵奢死了。秦国对赵国大举进攻，赵王命廉颇率军迎敌，廉颇知道秦军人马众多，粮草运输困难，不利久战。他命令赵军凭险固守，以便让秦兵不战而退。秦赵两国军队在长平相持许久，仍然不能有所突破。秦军恐慌，实行反间计，派人悄悄潜入赵国散布流言：秦军谁都不怕，就怕赵括当将军。赵王中计，任命赵括担任大将军，取代廉颇。

赵括一到前线，完全改变了廉颇的策略，轻率地任用军官，用书上所学的理论与秦军展开正面交锋，结果因为不懂变通中了秦军的埋伏，大量撤换将士以致军心涣散，四十多万赵军全部被俘，他自己也被秦军乱箭射中身亡。

这个故事就是纸上谈兵，如果将理财看作一场"战争"，输了将无法获得收益甚至可能亏损本金，赢了则将获得高收益。但如同打仗一样，空有理财意识及思维还不够，还要经得起实践的检验，况且个人理财的意识和思维存在一定的盲目性，有没有靠谱的投资渠道？有没有理财产品既是低风险还能高收益？有没有"股神"可以指点一下，哪只股票可以持续盈利……这些想法是不是和赵括一样，缺少实践，又急功近利。

如同作战需要战略部署一样，理财同样需要一定的作战计划及方针，从泰勒的目标管理论出发，以目标来制订我们的理财计划很重要，比如，工作 1 ~ 3 年，实现一个小目标，存款 1 万元。

根据不同的人生阶段，制定不同的理财目标，比如，工作 1 ~ 3 年、3 ~ 5 年、5 ~ 10 年后，理财目标有什么不同，需要怎样调整，有没有什么具体方案？

结合家庭财务状况、目标预算、自身的风险承受力等综合考虑。此外，不同的人生阶段，风险承受力不同，应选择适合的理财产品，进行资产配置，比如，低风险的家庭，工作 1 ~ 3 年，可以考虑存款＋货币基金＋其他的配置。根据理财的实际状况，不断地调整资产配置，如随着家庭风险承受能力的提高，可以考虑增加股票、黄金、外汇等的配置。

此外，每个阶段目标的预期及风险应急方案也很重要，比如，设置相应的止损点用于股票或者其他理财产品，明确家庭最大能承受的亏损点以及亏损以后家庭应如何规划，家庭的备用金是否准备充分，是否影响家庭日常开支、孩子教育、医疗、还贷等。

在投资理财中，多问自己几个为什么。为什么选择这个产品？收益怎么计算？是否能保障本金？最大的亏损是多少？要实现一个小目标，需要怎样的资产配置？是跟风赎回还是继续保留？在执行理财计划时，出现突发的意外情况怎么办？这些问题都需要思考。所以，说理财简单也很简单，说复杂也很复杂，关键在于你是否有足够的准备，不管是理财思维、意识还是理财实践，实践出真知。

② 信用卡债务堆积成山

对于工薪族来说，大多数人手上有一张甚至多张信用卡，同时背负着千元到数万元的债务，每个月发工资，只够偿还信用卡，有的甚至还不够，其实最开始债务也是很低的，只是债务像滚雪球一样越滚越大。

大多数人申请第一张信用卡时，相信自己的还款能力。但有的人后来无法自控地大额消费并选择分期还款，养成了大额消费的习惯。最终有的人无力偿还。某些人选择多申请信用卡，以卡还卡，最终逾期仍难以避免。

詹先生信用卡逾期 5 万元，现在已经变成 6 万元了。利息加违约金越滚越多，每个月都还款，但是还进去的钱都只能抵付利息。每天收到催收电话，严重影响了他的生活。

一般来说，信用卡逾期连续 3 个月、累计 6 次以上，就会留下不良信用记录。信用不良的人出行、车贷、房贷都会受到影响，有的甚至还会影响单位入职。如果个人的征信不良，也会影响丈夫 / 妻子的征信。

此外，如果以后子女贷款，父母作为担保人，父母的不良征信也将影响贷款的审批。

信用卡逾期后产生的利息和违约金很高，这也是我们常看到新闻中明明持卡人的本金欠款不多，但是利息却很高的原因。

信用卡逾期的利息，一般为日息 0.05%，并且是循环计息，按月计算复利。在第 2 章介绍过，复利是一个滚雪球般的存在。此外，信用卡逾期还会产生一定的违约金，标准为最低还款额未还部分的 5%。假设逾期 1 万元，每月的违约金和利息就高达 200 元（10 000×10%×5%+

10 000×0.0005×30=200）。如果逾期 4 万元，每月的违约金和利息 800 元（40 000×10%×5%+40 000×0.0005×30=800）。

所以逾期后，无论金额大小，一定要及时止损，可以与银行协商相应的还款协议。

2020 年，无论是企业还是个人，负债和信用卡债务都有所增加，还款能力也在减弱。如何避免信用卡逾期，一方面要开源节流，抑制冲动消费、大额消费，减少分期付款、分期还款，增加个人或家庭的经济收入。

另一方面，可以向银行申请"停息挂账"。《商业银行信用卡业务监督管理办法》第七十条规定：在特殊情况下，确认信用卡欠款金额超出持卡人还款能力且持卡人仍有还款意愿的，发卡银行可以与持卡人平等协商，达成个性化分期还款协议，如免息分期最高可达 5 年 60 个月偿还债务。

但是申请该业务需要满足一定的条件，如个人还款能力不足证明，向银行提供相应的证明材料，如收入证明、财产证明、当前负债率等；具有主动还款的意愿，如及时和银行沟通，不失联，尽量和银行协商；达成协议以后，每月按时还款。

公式：信用卡负债率 = 信用卡账单金额 / 信用卡总额度。如李先生的一张信用卡额度 5 万元，当前已使用 2 000 元，根据公式信用卡负债率就为 4%。对于银行来说，个人信用卡负债率超过 70%，就是风险客户。

在日常生活中，负债过高不仅增加了家庭的压力，还可能导致无法正常地信贷或者按揭，对于个人信用卡的负债率，最好控制在 30% ~ 40%，不仅可以享有便利，而且不会增加过大的压力。

总之，我们一定不要轻易地逾期信用卡，更不要常申请提额。

③ 贷款，零息贷款很心动

对于一些小区楼盘或者汽车广告，常有介绍、零息贷款的广告。下面详细介绍零息贷款。

零息贷款，顾名思义就是贷款的利息为零，那么零息贷款是否划算呢？

案例故事

零息贷款去买车

李先生最近正打算购买一辆车，在国庆时作为婚车用。买车时，4S 店的工作人员告诉他，公司正在推出一项十分优惠的购车贷款计划，无利息无抵押无手续费，但需要李先生首付五成，并且剩余的五成需要在 18 个月内还清。

李先生就办理了这款汽车金融贷款。但随后在办理提车业务时，李先生发现了一些问题：首先，使用了这款无息贷款，第一次车险必须在店里购买；其次，销售人员推荐的保险总价为 1.2 万元，相比外面的保险公司提高了 40%；最后，还要求在李先生的车里安装 GPS 定位，需要他支付相关费用 2 500 元。总的算下来，李先生觉得这些加起来比利息还高。

如上例所示，厂商提供的零息贷款或许将利息已经转嫁到其他方面，比如这里的保险费和 GPS 安装费等，当然还有一些打着金融服务费的名号。

有能力全款买车的车主，有时也会对零息分期动心，但我们应对零息贷款做仔细地考查。

◆ 是否有其他隐性费用

对于零利息的贷款方案，一般贷款总额除以月数就是还款额，但是还要看是否有其他的费用，比如，高价保险、GPS 安装费、手续费、服务费等。

◆ 车价是否被提高

全款或者有利息的贷款，裸车价会更优惠一点，比如便宜一两万元，而零息贷款一般无优惠，且通常可能会有一笔金融服务费，按照车价的一定比例收取。

◆ 是否有捆绑销售

在捆绑销售中，常见的就是要求车主上全险，并且要求车主在店里续保，且还有可能收取一笔续保保证金。总的下来，保险的费用会比从其他渠道购买更高。当然还有如加装饰等，车主要从加装包中选择一个，为此或许又多支付两万元。

上面所有这些额外收费实际就是变相的利息，虽然不直接以利息的方式出现，但是它还是作为需支出的费用存在，所以面对汽车经销商的零息贷款一定要谨慎。

选择零息购车时，一定要慎重，询问清楚零息的前提条件是什么。如果有银行推出的零息贷款，相对更有保障，但是比较难申请。

4

性别，理财是不只男人的事儿

周末参加一个沙龙会，大家聊得很开心，有的谈着升职、加薪、去旅行；有的谈着衣服、包包最新款；有的谈着孩子、老公、美容院。其中有人提议"十一"黄金周大家可以结伴去旅行。

因为时间不长，就计划不远游，大家基本都同意。然后是旅游预算，有的说不限制预算，重点是好吃、好玩、好购物。其中有位女士说她的预算只能在 5000 元以内，因为她大部分钱都储蓄和投资了，没有太多能随意动用的闲钱，而且大家本身就是去散散心也不用花太多钱。

有位女士立马就问了："你为什么要储蓄和投资，费那个心思，那不是你老公该做的事吗？"后来大家谈论的主题从旅行预算转到了女人到底要不要理财这个话题。

那么女人，到底要不要像男人一样理财？

案例故事

女性没有存款会怎么样

张女士婚前在一家地产公司做文员，工资 4 500 元左右，每月除去租房加生活消费能结余 2 000 元。结婚时，她自己有 10 万元的存款。婚后，因为丈夫的工作在外地，加上婚后不久她就有了宝宝，于是就辞职到丈夫的城市，成了全职妈妈。

因为和婆婆住在一起，时间长了免不了有磕磕碰碰，丈夫又经常出差，家庭的主要经济来源也是丈夫，而对于婆媳矛盾，丈夫不仅不会调解，还责怪她整天无理取闹。在孩子的教育问题上，她和婆婆也有了分歧。

因此，婆媳两人经常吵架，而且每次一吵架，婆婆都叫她离开这个家，说这个房子是我儿子的。丈夫回家知道后，就让她给婆婆道歉，求得原谅。张女士觉得自己并没有错，她想带着孩子和婆婆分开住，但是她手里连支付 1 年租金的存款都没有。她的存款在婚礼时拿出来和丈夫一起承担支出了。剩余的丈夫说帮她投资，有时候说亏了，有时候说赚了，但是到现在为止她也没看到具体有多少收益。她一问丈夫，丈夫还说：你看得懂吗？你不相信我吗？

现在每个月，丈夫就微信转账给她 1 000 元，其余的找他实报实销。终于有一天，她在和婆婆争吵后，丢下一张离婚协议，抱着孩子回了父母家。

拜托母亲照顾孩子，自己重回职场，从最基层做起，虽然工资低，但是她却觉得每一天都比在婆婆家幸福。

张女士的故事告诉我们，现代女性的安全感来自多方面，不管是你的事业也好，薪酬也好，房子也罢，都是安全感的一部分。女人的独立，才能拥有更多的自主选择权而不是被动。

女人也不仅要有赚钱意识，还得有理财意识。理财不是可以选择的唯一出路，但它是掌控人生的一种可选方式。

现在女性平均寿命都长于男性，并且离婚率不断上升，更重要的是女性随着养儿育女和年龄上升在职场竞争力下降，身体比年轻时脆弱、家庭的经济压力更大，这些都需要女性有一定的理财规划。

对于现代女性来说，出则和男性一样拼搏奋斗，入则居家持家、贤妻良母。然而无论是觅得良人的白领还是纵情商海的女强人，靠人还需靠己。

据统计，在中国 68% 的家庭中，理财的主体都是家庭的女主人。女性的细腻以及对于数字的敏感在某种程度上优于男性，所以理财绝不是男人的事儿，是女性自己的事儿。

⑤ 无为，自我升值投资少

除了上班的 8 小时之外，业余时间你都在做什么？

下班后，有的人在玩手机，刷剧聊天看八卦；有的人在好吃好喝享人生；有的人在充电学习；有的人在继续熬夜加班……

都说，人与人的差距是从下班后开始的。

案例故事

全职妈妈也很忙

刘女士在一家互联网公司做行政，每月工资 5 000 元，房租、水电、生活费约为 3 000 元，剩余的就用来购物，每月基本都花光。

她的工作相对简单，升职前景也不大，所以她的工作压力并不大，每天都能很准时下班，加班较少。下班后，基本就是和朋友逛街买买买，或者回家就用手机点外卖、看剧、看八卦、聊天，一晚上就过去了，偶尔和男朋友吃饭、看电影、旅行，她感觉日子充实又忙碌。

一天，她和大学舍友聊天，舍友之前是一家互联网公司的产品经理，工资很高。后来，结了婚，有了两个宝宝，于是辞职在家做家庭主妇，但是这几年在照顾孩子和家庭的同时，她也没有闲着，都在忙着做副业。

而且每天的时间都排得满满的，每天不仅要照顾孩子、做饭、接送孩子，上午还给自己安排了健身课，下午还有各种管理课、产品课、理财课等，晚上除了亲子时间，就是读书时间，每天比工作的时候还忙。

刘女士问舍友，为什么要每天把自己搞得那么累啊。舍友告诉她：女人，任何时候都不要让自己贬值，时时刻刻需要充电及升值，不然会被社会淘汰的，还好心建议她多学习，多报一些课自我提升。

像刘女士一样的工薪族，每天下班以后就是低头族，拿着手机看电视、看电影、玩游戏，一年又一年，工作收入和能力都一般，如遇到企业裁员，可能就首当其冲，因为专业能力不过硬，并不是无可取代。

一个人工作从 22 岁到 40 岁，这十多年时间，对于工薪族来说，是一个宝贵时期，从最初接触社会到有稳定的经济来源，甚至黄金的事业期，这十多年里，每个人的选择很大程度上影响着个人的未来。

对于年轻人来说，实现自我增值的方法很多，有的可以看出明显的效果，有的则需要经过时间的检验，以下几点建议仅供参考。

◆　提升学历

现在虽然大多数工作都要求大学学历，但是还是有区别的，如上升到管理岗位，会要求本科以上学历或者硕士学历。对于一些技术类的岗位，就要求硕士起，所以在工作之余，可以申请专升本或硕士研究生等。

很多公司都会鼓励员工提升学历，报销员工的学费等花销，但前提一定是综合评估后，认为你是潜力股。

◆　考一些职称证书或职业资格证书

对于一些岗位会要求基础的职业资格证书，有初级、中级、高级之分，随着工作年龄的增加，相应证书的获得都是加分项，不仅公司会有奖励，国家对于一些证书也会有相关的补助。

◆　提高与工作相关的技能

在工作之余，不断提高与工作相关的技能，如相关办公软件的运用、公文写作、外语能力、管理能力、人际沟通及交往能力等，都能为自己的工作岗位提供加分项，综合能力越强越有竞争力。对于这些能力，除了多看书学习，还可以给自己报一些培训班。但不用过多，毕竟你的主职还是工作，而且一定要以家庭的正常预算为准，合理规划。

◆　培养业余爱好

我们知道孩子们都有各种兴趣班，对于大人们来说，也可以找到自己的"兴趣班"，如健身、茶艺、插画、写作、小语种、理财、管理等。兴趣班很多，要注意时间和预算的安排，这些兴趣班更多的是陶冶性情和自我升值，因此在兴趣之余经济适用也很重要。

无论哪一种自我升值的投资长期看都有其价值。

6

资产配置，哪里热就投哪里

资产配置听起来很专业很"高大上"，怎么来理解资产配置呢？

以鸡蛋为例，假如，你手里有 10 个鸡蛋、两个大篮子，现在要处理这 10 个鸡蛋，过程如下。

①你留下了两个鸡蛋，准备将剩余的鸡蛋放入篮子。

②你将 8 个鸡蛋分别装入两个篮子，每个篮子放 4 个。

③你还在每个篮子里分别放入一个鸭蛋。

④你将两个篮子分开放，一个放在厨房，一个放在储藏室。

如果把鸡蛋作为家庭资产的一种，那么①至④的过程就是资产配置。资产配置简单说就是一种理财方式，投资者根据定制的投资目标，把资产分配在不同类别的投资产品。例如，李女士将 2 万元投资在债券和基金上，这也属于资产配置，在实现理财目标的同时控制风险。理财者通过平衡投资风险、投资期限、投资收益等，配置相应的理财产品。

每个家庭的风险承受能力、财务状况、资产预算、理财目标是不同的，所以最终每个家庭在资产配置方面也是不同的，每家每户可以从家庭实际情况出发，制定不一样的配置方案。

对于工薪族来说，可以将家庭的资产分为四大账户，即日常消费账户、备用金账户、长期收益账户、投资账户。其中，日常消费账户是每个家庭的短期开销，每个月相对固定，建议金额最好控制在家庭资产的 10% 左右，通常以现金或现金等价物的形式配置，如存款或者货币基金。

备用金账户是为了家庭在出现意外的情况下，如重大疾病等，不影响家庭的正常生活，一般建议占家庭资产的20%，配置形式和日常消费账户一样。

长期收益账户一般是配置一些具有长期收益且保本的产品，如存款、国债等，金额大小根据家庭实际情况确定。

投资账户一般可以考虑配置一些中高风险的产品，如股票、基金、房产等，高风险高收益，建议组合投资，分散投资风险。

在家庭资产配置时，可以参考以下投资规律。

◆ 房贷三一规律

房贷三一规律是家庭每月的还贷金额不能超过家庭当月收入的1/3，如张先生每月工资 8 000 元，月供最好不超过 2 400 元，否则容易因为一些意外支出，影响家庭的正常生活。

◆ 72 定律

在复利计算下，本金增长 1 倍所需要的时间 ≈ 72/（年利率 ×100）。如某理财产品 1 万元，每年利率 10%（假设每年利率不变），利滚利约 7 年后（72/10），本金变成约 2 万元。

◆ 433 支出定律

433 支出定律主要是针对家庭四大账户的配置，如投资账户配置家庭资产的 40%，日常消费账户配置 30%，备用金账户配置 30%。

◆ 80 定律

简单来说，随着年龄增加，可计算的投资在高风险上的理财产品的金额比例是多少，可采用公式：投资比例 =（80- 当前年龄）×1%，比如，当前年龄 30 岁，投资比例 =（80-30）×1%=50%。如果家庭风险承受能力较低，一般可采用投资比例 =（60-30）×1%=30%。

上述定律对于一些家庭适合，但对于一些家庭风险可能不适合。具体该如何配置，可以从家庭资产、收入、支出、风险承受能力、家庭保障、投资经验、理财品种等多方面去综合考虑，理论加实践，对不熟悉的产品先小本试水再加码。资产配置绝不是跟风，怎么热怎么投，从家庭的实际出发，一步一步实现理财目标才是根本。

⑦ 现金流，看不见的收入与消费

工资一般都是非现金结算的，公司在每月固定的时间直接转账到员工的银行卡，所以平时的工资收入可以理解为一种隐秘的存在，不是直接发放现金揣包里。当然年终奖有时还是采用现金模式的。

以前我们出门，包里总会有一定的现金备用，但现在大到商场，小到菜市场，到处都是各种微信或者支付宝的付款码，不用一分现金，手机扫码一键支付。

支付二维码出现以后，我们不会再因为没有足够的现金，而买不回想要的东西，方便又快捷。但同时过度消费也增加了，我们更控制不住地买买买了。

案例故事
买买买以后

汤女士在一家互联网公司做人事，每月工资 4 500 元，每月房租、水电、生活费约 3 500 元，平时喜欢在网上购物，特别喜欢逛网上，所以每月结余不多。

因为网上的大部分商户或者商品都支持实际的借贷支付，所以汤女士在付款时，一般会选择这样支付，汤女士看见喜欢的包包、衣服、鞋子就会忍不住购买，她想着单件购买也不贵。

后来有一个月的还款竟然高达 8 000 元，而且她当时卡里余额不够。于是她选择分期还款，但是需要支付一定的利息，还款以后，她感觉自己轻松了，于是过了一段时间，又开始买买买。

这样长期累积下来，她发现这个月的还款竟然高达 9 000 元，她想分期还款，但是最多只能分期 800 元，因为其他的款项都是已经分期的余额。现在她的卡里除去这个月的房租，只有 3 000 元，于是她没有按期归还。

后来有一天，汤女士收到短信，里面称她合同违法，要终止合同，并要求全额还款。同时她还接到一个来自律师事务所的电话，律师说是受到委托，要求她在一周内还款，否则将起诉她。

我们都知道，信用卡逾期还款后果很严重，不仅要支付违约金和利息，严重的可能判处有期徒刑。下面以花呗为例，看一下逾期可能产生的后果。

花呗如果不按时归还，发生逾期，会产生一定的逾期费用。逾期费用 = 逾期本金 × 天数 ×0.05%，如你逾期 10 000 元，每天的利息就是 5 元，逾期一年利息就是 1 825 元。所以逾期费用还是相当高的。

此外，如果花呗逾期，一些支付宝功能可能会被限制使用，即使以后还款了，也不一定能恢复它的功能。逾期后，芝麻信用和芝麻分都会受到影响。当然，更严重的是，如果长时间不归还花呗，可能受到法律的制裁。

一般花呗会有 3 天的宽限期，在宽限期内还款不算逾期，也不会影响个人的信用。当然如果因资金的短缺或者暂时无法按时还款还可以选择如申请花呗账单分期、花呗最低还款、邀请朋友帮还花呗，但无论是哪一种，最终都是需要归还的。

类似的贷款是一种工具，消费者应该以良好的心态来看待它，为了避免逾期，最好还是在使用时不要超过自己的还款能力。

而且这样的方式都是一种隐形的支付，在支付时感觉不明显，但在还款时就是个大惊吓，所以开源节流，合理消费才是根本。

第 *4* 章

开启工资理财
低风险投资是关键

　　具备理财思维，掌握理财知识，越过理财误区，开启工资理财模式。

　　储蓄、债券、基金，你会怎么选？投资收益谁最大？

　　要想变现快，是存款还是其他？银行卡的福利怎么用？特殊存款是怎么回事……开启工薪理财，低风险是关键。

① 储蓄、债券、基金，你最爱哪一款

如果你有一笔 2 万元的闲置资金，如下的处理方式你会选择哪一种。

①整存整取存入银行，存期为一年，年利率为 1.75%。

②购买国债，发行价格为 100 元，票面利率为 4.26%，半年付息。

③每个月定投 1 000 元基金，总计定投 5 只基金，每只基金 200 元。

上述的 3 类处理方式：①类为储蓄；②类为债券投资；③类为基金投资，三者之间还有哪些不同？具体如下。

储蓄全称为储蓄存款，在我国一般指个人将个人当期的闲置资金存入银行形成存款，到期可以凭存单支取本金和利息的一种理财方式。传统的存款一般银行会发放一张存折作为存款和提取的凭证，但存折不具有流通性即不能转让和贴现，但现在有时没有存折了，给存户一张存款凭单作为存款依据。

存款根据期限的不同，可以分为活期和定期两种，其中定期又可以分为整存整取、零存整取、整存零取、存本取息、通知存款和定活两便。

◆ 活期储蓄

活期储蓄相对简单，对于存入的金额和时间都没有限制，还可以随时存入、随时支取，比如，我们的工资卡就是一种活期储蓄。

◆　整存整取

一般是个人和银行约定了存期，一次性地存入金额，到期支取本息的储蓄，一般是 50 元起存。存期可以自由选择，如 3 个月、6 个月、1 年、2 年、3 年、5 年。利息按存款开户日挂牌整存整取利率计算。

◆　零存整取

个人和银行约定了存期，每个月固定地存款，到期后一次性的支取本息的储蓄，存期一般为 1 年、3 年、5 年。其中，每月要按第一次存入时的金额进行续存。利息计算公式：利息 ＝ 月存金额 × 累计月积数 × 月利率，其中，累计月积数 ＝（存入次数 +1）÷ 2 × 存入次数。利息按存款开户日挂牌零存整取利率计算，如有漏存，应在次月补齐。

◆　整存零取

个人将本金一次性存入，一般 1 000 元起存，固定期限分次支取本金的一种存款模式，可分为 1 个月、3 个月、6 个月支取一次，具体可与银行商定，利息一般按存款开户日挂牌整存零取利率计算，期满结清时支付。

◆　存本取息

个人与银行约定存款日期，整笔一次性地存入，但是分批次地支取利息，到期后支取本金的一种储蓄。一般要求起存金额为 5 000 元，存期为 1 年、3 年、5 年。利息按存款开户日挂牌存本取息利率计算，利息可选择每月支取或者几个月支取一次，具体可与银行商议。

◆　通知存款

个人在存入时，不与银行约定存款期限，只是在支取时，提前通知银行，但起存金额一般为 5 万元，可以一次性支取或者分批次支取。但分批次支取后，如果剩余的金额低于起存金额，银行会通知个人清户，会将存款转为活期存款。通知存款根据通知存款的期限可分为 1 天通知存款和 7 天通知存款。其中，如果是 1 天通知存款，存期至少 2 天，7 天通知存款存期最少 7 天。通知存款的利息一般会高于当期的活期利息，具体以存款开户日挂牌通知存款的利率为准。

◆ 定活两便

个人不与银行约定存期的储蓄，与活期储蓄类似，不同的是，一般要求 50 元起存，利息根据存期的不同而不同。存期不足 3 个月的，利息按支取日挂牌活期利率计算；存期在 3 ~ 6 个月，利息按支取日挂牌定期 3 个月存款利率打六折计算；存期在 6 个月 ~ 1 年，整个存期按支取日定期 6 个月存款利率打六折计息；存期大于 1 年的，无论存期多长，存期一律按支取日定期 1 年期存款利率打六折计息。

储蓄风险最小，期限灵活化，但收益相对较低。对于工薪族来说是一种最低风险最常用的理财手段。

在银行除了储蓄，还可以购买债券。债券是政府、企业、银行等债务人为筹集资金，按照法定程序发行并向债权人承诺于指定日期还本付息的有价证券。

储蓄具有多种形式，债券也同样如此，分类如表 4-1 所示。

表 4-1 债券的分类

分类方式	债券名称	说　　明
按照发行主体划分	政府债券	政府债券是政府为筹集资金而发行的债券，主要包括国债、地方政府债券等。主要是国债，国债信誉好、利率优、风险小，被称为"金边债券"；地方政府债券由地方政府发行，又称市政债券，在信誉、利率、流通性上低于国债
	金融债券	金融债券是由银行和非银行金融机构发行的债券，在我国金融债券主要由一些政策银行发行

续表

分类方式	债券名称	说　　明
按照发行 主体划分	国际债券	国外各种机构发行的债券
	公司（企业） 债券	公司（企业）债券是企业依照法定程序发行并约定在一定期限内还本付息的债券。公司债券的发行主体是股份公司，也可以是非股份公司的企业发行债券，在归类时，公司债券和企业发行的债券合在一起时，可直接称为公司（企业）债券
按债券形态	实物债券	简单理解就是债券的形式是实物的，而不是一串账号数字，就好像存单，实物债券的券面标有发行年度和金额，可以上市流通
	凭证式 债券	凭证式债券是一种储蓄债券，通过银行发行，采用"凭证式国债收款凭证"的形式，从购买之日起计息，但不能上市流通
	记账式 债券	记账式债券是没有实物形态的债券，通过证券交易所的交易系统发行和交易，发行和交易均无纸化
按付息方式	一次还本付 息债券	债券到期时，本金和利息一起支付，利随本清
	贴现债券	债券以低于债券票面额的价格发行，到期按票面额兑付。发行价格与票面额的差即为贴息
	浮动利率 债券	债券利率随着市场利率变化
	定息债券	债券票面上附有息票,通常半年或一年支付一次利息，利率固定
按计息方式	单利债券	指在计息时，不论期限长短，仅按本金计息，所生利息不加入本金计算下期利息的债券
	复利债券	指计算利息时，按一定期限将所生利息加入本金再计算利息，逐期滚算的债券
	累进利率 债券	根据持有期限长短确定利率。持有时间越长，则利率越高

分类方式	债券名称	说　明
按偿还期限	长期债券	偿还期限在 5 年以上的为长期债券
	中期债券	偿还期限在 1 年以上 5 年以下的为中期债券
	短期债券	偿还期限在 1 年以内的为短期债券

表 4-1 是一些常见的债券种类。不管是哪一种债券都具有债券的基本要素，说明如下。

债券基本要素主要包括债券票面额、偿还期、付息期、票面利率和发行人名称。

债券票面额就是债券的票面价值，如票面额 100 元，是债券发行人在到期后正常应向债券持有人偿还的本金数额；债券偿还期是指债券上载明的偿还债券本金的期限；债券的付息期是指债券利息支付的时间，可以是到期一次支付，或 1 年、6 个月、3 个月支付一次；债券的票面利率是指债券利息与债券票面额的比率，是发行人承诺到期后支付收益的标准；发行人名称写的是债券的债务主体，是到期追回本金和利息的对象。

基金是具有特定目的和用途的资金，我们常说的基金是证券投资基金，根据不同的分类标准，可以将证券投资基金划分为不同的种类，说明如下。

◆　基金单位是否增加或赎回

基金可分为开放式基金和封闭式基金，其中开放式基金可通过银行、券商、基金公司申购和赎回，基金规模不固定，不上市交易；封闭式基金具有固定的存续期，一般可在证券交易所上市交易，投资者可通过二级市场买卖基金单位。

◆　根据组织形态不同

基金可分为公司型基金和契约型基金，其中公司型基金成立是通过发行股票或受益凭证成立基金公司来完成；契约型基金成立一般是基金管理人、基金托管人、投资人三方契约完成，我国目前设立的基金均为契约型基金。

◆　根据投资对象的不同

基金一般可分为股票基金、债券基金、货币市场基金、期货基金等。

相对于储蓄和债券来说，基金投资难度更高。一只基金主要包括三大部分，业绩和净值、基金档案、交易规则。其中，业绩和净值，主要展示的是基金的收益表现，具体表现在收益曲线的变化上；基金档案主要包括基金概况、基金公司、基金经理、基金持仓、基金公告、分红配送等内容；交易规则是基金的买入卖出规则。

储蓄、债券、基金都有不同的品种，且不同品种适合不同的理财者，具体选择哪一款，需要根据个人偏好、风险承受能力、投资经验、投资收益、家庭预算等综合考量。最好是组合投资，如储蓄＋债券、储蓄＋基金、债券＋基金、储蓄＋债券＋基金等，获得组合收益的同时，还能分散投资风险。

❷ 投资收益有多大，计算一下就知道

无论是储蓄、债券还是基金，在不考虑其他的因素情况下，投资收益是我们首先要考虑的问题，那么三者的投资收益有什么不同呢？

案例故事

不同产品如何计算收益

刘女士在一家互联网企业做财务，月薪 8 000 元，每月房贷、车贷、生活消费等总计花费 6 000 元左右。最近她收回了一笔借给朋友的欠款 5 万元，加上累积每月结余，总计 10 万元，她打算用来投资理财。

在周末聚会的时候，正好遇到一个做投资理财的朋友，于是朋友给她做了 3 种不同的规划，便于选择。

方案一：将 10 万元存为银行定期，存期为 3 年，银行利率为 2.75%，那么到期可以获得收益为：

100 000.00×2.75%×3=8 250.00（元）。

方案二：购买 10 万元面值为 100 元的 5 年期 A 国债，买入价格为发行价 100 元，票面利率为 3.4%，持有 3 年后以 101.36 元的价格转让给第三方，那么持有期间的期收益就为。

[100 000.00×（101.36−100.00+10.2）]/[(100.00×3)÷3]=11 560（元）

方案三：将 10 万元购买 B 基金，期限为 1 年，根据该基金往期的业绩表现，公司公布的该基金的年化收益率为 12%，那么预期收益就为：

100 000.00×12%=12 000.00（元）

朋友告诉她，他推荐的这两款储蓄和国债的收益相差不多，风险都较低，而他推荐的这个基金，投资期限较短，但一年的收益远远高于国债和储蓄 3 年，相对来说，流动性更好，但同时，风险也是更高的，所以她需要考虑考虑。

如上例所示，储蓄的收益计算相对简单，一般储蓄的收益用利息来表示，通过本金、利率、存期来计算，可以通过公式：利息 = 本金 × 年利率（百分数）× 存期。本金为 1 万元，年利率为 1.75%，存期为 1 年，根据公式，利息就为 175（元）。

对于利率要注意，年利率、月利率、日利率三者的换算关系是：年利率＝月利率 ×12＝日利率 ×360。一般存期与利率相对应，如 1 年期对应的利率和 3 年期对应的利率不同。

对于存期，一般算头不算尾，即从存款当日到取款的前一天。同时无论月大月小，月一般为 30 天，全年按照 360 天计算。按照对年、对月、对日换算，如 2020 年 9 月 10 日到 2021 年 9 月 10 日为对年、对月、对日。当存款到期日为非法定办公日，可以申请提前一日支取，银行将按照到期利息计算，手续按照银行规定的提前支取的手续办理。

对于债券的收益计算，一般计算债券收益率，最常用的公式是债券收益率＝（到期本息和－发行价格）/（发行价格 × 偿还期限）×100%。还存在公式：持有期间收益率＝（出售价格－购入价格＋持有期间总利息）/（购入价格 × 持有期间）×100%。其中，债券利息＝债券票面利率 × 债券面值，一般单利计息。

张先生在 2018 年 1 月 1 日购买了发行价为 100 元，票面利率为 4.4%的 5 年期的公司债券，总计投资 1 万元，公司每年支付一次利息。张先生在持有 2 年后，因为急需资金周转，将手中的该债券转让给了刘先生，刘先生以 101.45 元买入，他持有到期并卖出，根据上述公式张先生在持有期间的收益率就为：

持有期间收益率＝（出售价格－购入价格＋持有期间总利息）/（购入价格 × 持有期间）×100%＝（101.45－100＋100×4.4%×2）/（100×2）×100%＝5.13%；投资收益为：10 000×5.13%×2＝1 026（元）。

基金的收益计算，大多数公司采用公式：基金收益＝赎回当日单位净值 × 份额 ×（1－赎回费率）＋分红－投资金额。李先生购买了 10 000 份 A 基金，购买时单位基金净值为 1 元，总计投入 1 万元，在持有 3 个月后赎回，赎回当日的单位基金净值为 1.2 元，赎回费率为 0.5%，3 个月内基金公司还未进行分红，根据公式：

基金收益＝赎回当日单位净值 × 份额 × （1－赎回费率）＋分红－投资金额＝1.2×10 000×（1－0.5%）－10 000=1 940（元）。

无论是债券还是基金，如上述投资收益的计算，一般以常用公式举例，具体还要根据债券产品和基金公司的产品说明书或者公告书来确定，一般都会有详细的说明与规定。同时要注意对于三者的收益，预期收益和实际收益是有差别的。

❸ 关于基金定投，不得不说的事儿

如果每月工资卡结余1 000元，用来购买2只基金，每只基金固定投资500元，这种理财我们就理解为基金定投。

基金定投是定期定额投资基金的简称，是在固定的时间以固定的金额，投资基金的理财方式，有些类似储蓄种类中的零存整取。基金的理财，一般有两种模式，单笔投入和定期投入，如一次性投资1万元购买A基金和每月固定投资B基金，后者的起点更低，更适合工薪族做小额理财。

案例故事

定投基金收益如何计算

张先生在一家互联网公司做市场营销，每月的结余3 000元左右。他比较偏好于一些低风险的理财，其中就包括定投基金，到目前已经定投了

某基金 6 个月了。第一个月时他定投了 1 000 元，后来每月定投 500 元，基金的净值表现如表 4-2 所示。

表 4-2　基金净值表现

月份	每月定投（元）	基金单位净值（元）	购买份额
1	1 000.00	1.48	675.68
2	500.00	1.68	297.62
3	500.00	1.92	260.42
4	500.00	1.89	264.55
5	500.00	1.88	265.96
6	500.00	2.20	227.27

　　根据上表，他进行了简单的投入成本计算相应收益，如总投入 = 1 000+500×5=3 500（元），总份额 =675.68+297.62+260.42+264.55+265.96+227.27=1 991.5（元），平均成本 = 总投入 / 总份额 =3 500/1 991.5=1.76（元）。

　　在不考虑其他的因素下，总收益 = 总现值 − 总投入 =2.2×1 991.5−3 500=881.3。他看着这 6 个月基金表现还不错，所以打算每月继续定投。

　　对于基金的定投收益，一般常用公式：定投收益率 = 收益 / 本金 =（市值 − 本金）/ 本金，如上述张先生的定投，市值用最近单位净值与总份额计算，市值 =2.2×1 991.5=4 381.3。定投收益率 = 总收益 / 本金 =（市值 − 本金）/ 本金 =（4 381.3−3 500）/3 500=25%。

　　当然上述公式是在不计算定投次数、定投周期的情况下，只需简单的加和投入资金作为本金，计算出相应的收益。如果考虑买入卖出价格，则还需要计算平均成本，此时定投收益率 =（基金净值 − 平均成本）/ 平均成本。如上例张先生的定投，定投收益率 =（2.2−1.76）/1.76=25%。

　　如何选择一只适合自己的定投基金，下面几点建议仅供参考。

①基金经理稳定。

②基金公司直销。

③基金成立时间中长，如成立在 3 年以上。

④看基金累计净值增长率、基金分红比率。

⑤把基金收益与大盘走势、其他同类型的基金比较。

⑥看专业投资者对于该基金的评价。

⑦看专业机构对于基金的评级。

基金的定投也是有风险的，所以在定投之前，投资者需要对定投的基金的风险大致了解，最终确定是否要选择该基金。

4
要想变现快，货币基金是首选

选择支付宝支付时，除了花呗或银行卡，也可以选择余额宝。余额宝不仅可以用来支付，将资金放到余额宝里，还可以获得一定的投资收益。余额宝可以随时转入或转出，本质就是货币基金。

货币基金是由基金管理人运作，基金保管人保管资金的一种开放式的基金。货币基金主要投资于剩余期限在一年以内的国债、金融债、央行票据、债券回购、同业存款等低风险品种。这些投资品种就决定了货币基金在各类基金中风险最低，本金很安全，且它的流动性和安全性也很高，收益稳定，风险较小，很适合低风险的保守求稳的工薪族购买。

案例故事

货币基金看哪些

张先生是一家国企员工，今年 30 岁：扣除社保和公积金，年收入 20 万元左右；妻子暂时无业，孩子 6 个月；每月房贷 2 547.15 元，生活支出 1 万元左右；现有活期存款 2 万元，定期 20 万元；每月定投基金 500 元。最近朋友给他推荐了一只货币基金 A，告诉他可以用 1 000 元来试试水。关于基金 A 的详情如下。

首先是费用：基金 A 不收取认购费用、申购费用和赎回费用，但在基金的管理中每年会收取 0.33% 的管理费、0.10% 的托管费、0.25% 的销售服务费、基金的申购和赎回价格为每份基金单位 1.00 元，产生的费用和税收，按实际发生额从基金资产中扣除。

其次是收益，基金 A 在保持基金资产安全性和高流动性的基础上，力争获取高于业绩比较基准的投资收益。而且基金 A 的业绩比较基准为人民币七天通知存款利率（税后）。查看该基金的当日，7 日年化收益率为 0.85%，每万份收益为 0.39%，基金的分红按照"每日分配、按日支付"原则进行，即基金 A 以每万份基金已实现收益为基准，为投资人每日计算当日收益并分配且支付。

再有是风险，基金 A 属于基金中的低风险品种，预期风险低于股票型基金、混合型基金、债券型基金等。

最后是资金去向，基金 A 的资金主要用于货币市场工具的投资，如现金、期限在 1 年以内的银行存款、债券回购、央行票据、同业存单等。

张先生考虑到基金最低的收益也是高于活期存款的，而风险也在可承受大范围内。于是打算投入本金 1 000 元，持有七天后再根据收益情况看是否需要赎回或者继续持有。

上述张先生购买货币基金主要从货币基金费用、收益、风险、投资去向等综合考虑。除此之外，作为工薪族，该如何为自己选到一只适合的货币基金呢？一般可以从本金安全、收益高低、费率和提现、基金种类 A 和 B、基金规模等综合考虑。

◆ 本金安全

对于基金的本金安全一般可以从基金的实力、基金投资去向、基金管理人等多方面考虑，其中基金的实力可以从基金公司的规模、基金的规模、基金成立年限等评估。

对于基金投资去向，一般投资低风险的品种，本金更安全，如现金、剩余期限低于一年的银行存款、国债等。基金经理人主要看其管理时间、管理规模、任职时间等，一般管理时间越长、管理基金规模越大、任职时间越长，本金也相对更安全。

此外，通常规模较大的货币基金和基金公司，对本金更有安全保障，而基金的成立时间一般中长期最好，如 3 ~ 5 年以上。

◆ 收益高低

货币基金的收益是相对稳定的。通常不建议只看某一日或某一点的收益大小，应看其长期收益表现。长期收益相对较高的货币基金，在未来具有相对高收益的可能性更大，同等情况下，可以参考年化收益率更高的货币基金。

◆ 费率和提现

在收益、风险、期限同等条件下，可以选择申购、赎回、管理、托管费用更低的货币基金。为了更好地提现，一般可选择具有赎回 T+0 模式的货币基金，即货币基金递交赎回申请后，资金当日到账。

◆ 基金种类 A 和 B

在众多的货币基金品种中，我们会看到它包括了货币基金 A 和货币基金 B。那么 A 和 B 有什么区别呢？两者主要的投资区别在于投资门槛，一般 A 类基金投资门槛较低，如 100 元起投；而 B 类基金起投金额较高，很多起投金额在百万元以上，如 500 万元起投。

除了上述外，还要注意，在节假日和周末，货币基金同样具有收益，所以可以在放假前提前申购，获得假期收益。

⑤ 银行卡送福利，要不要接

如果你收到一条银行通知短信，内容如下。

二选一大礼包，免费送！

大礼包一：免费送新鲜食材！包括精选优质牛排、优选新鲜蔬菜、香甜美味水果、五谷杂粮等，每月按时送达，持续时间 6 个月。

大礼包二：免费送清新花卉！半月送达一次，持续时间 3 个月。

这样的福利是真的还是假的，要不要领这样的福利呢？

通常银行会不断地推出新卡，为了吸引大家办卡，会在办卡时赠送一些福利，如上述的两大礼包，就是银行为了推出新卡送出的福利。当然对于老客户，如果在支付端绑定银行卡，也可以获得相应的福利，如会员。

我国的商业银行很多，每家银行都会提供不同的福利，那么这些福利哪家好呢？看个小故事。

案例故事

银行卡福利哪家强

刘女士在一家互联网公司做平面设计师，每月扣除社保和公积金，月薪 5 735 元左右，每月房贷 2 136.15 元，每月生活支出 3 500 元左右。现有活期存款 1 万元，定期 10 万元，每月花费主要通过花呗或信用卡消费。最近在清理手机短信时，看到了各大银行发来各种办卡领取福利的通知，她正打算再办理一张信用卡，但是还在考虑办理哪一家，和朋友聊天说起，朋友给她做了一个简单的对比，具体如表 4-3 所示。

表 4-3　各大银行信用卡优缺点简介

名　称	优　点	缺　点
工商银行	一般免费消费短信提醒，提额很快，取现无手续费，服务费、手续费低，免息期最长 56 天，非全额还款时已还部分不收利息	首先得申请工商银行储蓄卡、申办门槛高，额度低、优惠幅度较小，积分较少，适合具有一定资产的工薪族
建设银行	一般申请门槛较低而且部分信用卡洗车免费，提供优惠的商户相对较多；使用信用卡分期手续费较低，且通常刷 3 次就免年费；如果信用卡透支取现，还有最低还款；积分还可以换里程	与工行免费的不同，只有消费金额达到一定的额度，才能有免费的消费短信通知；建行信用卡的额度偏低，而且提额慢，免息期短，适合有车一族
交通银行	交通银行信用卡比较常见，申请门槛较低而且初始额度较高，优惠也较多，一般具有 56 天超长免息期，且支持支付宝，网付限额 10 000 元	消费短信提醒是需要收费的，实行系统主动提额，取现手续费也较高，要注意积分一般不是永久有效的，适合用来购买大型家电
中国银行	中国银行信用卡最大的特点在于其全球性，全球都能消费购物，平时优惠活动主要体现在各种旅行优惠上，且它的信用卡积分力度大	申请的门槛较高，额度也不高，且一年只能提额两次；如果透支取现，没有最低还款；附属卡需要分别还款，销户需要到营业网点，适合喜欢旅游人士
农业银行	农业银行信用卡也是免费的消费短信提醒，平时的优惠活动也较多，具有 56 天免息期	申请门槛也较高，申请周期长并且额度偏低，且平时消费积分较少或者无，适合一般的客户

最后刘女士办理了一张交通银行的信用卡，因为在不久以后，新房装修完毕，她需要给自己添置一些家电家具，而交通银行的卡比较适合。

从上述案例看出，五大银行的信用卡申请都具有一定的门槛，或高或低。在申请时都需要身份证、银行流水、工作证明、定存、车产、房产等资料。对于想要高额度的用户，银行对定存还有一定的额度要求。所以也不是人人都能申请到信用卡的。

综合来看，五大银行的信用卡福利各具特色，随着时代的发展，信用卡的福利还在不断扩大中，包括平时的吃喝玩乐，所以对于信用卡的福利可以接，但要明确自己的需求与资质。羊毛出在羊身上，合理消费，适当用卡，保护好自身征信，防止信用卡被盗刷，一定不要逾期。

6

关于特殊存款，你还没搞清楚的事儿

如果银行有一种存款，存 1 个月的利息就比平常存 3 年的定期还高，你会不会存？如果选择该类存款，条件是什么？

案例故事

高利率存款看一看

最近张先生在银行的一笔定期存款到期，他正在考虑是转存还是取出来用作其他理财。但是对于其他的理财产品他投资经验较少，而且他喜欢做低风险的投资。有一天，银行工作人员打电话给他，说银行最近正推出一款新型 5 年期存款，1 个月后转让年利率为 3.60%，6 个月后转让年利率为 4.4%，但有存款起点要求，最低存款 20 万元。

张先生了解到，五大银行的当期银行利率，活期为 0.3%，1 年期的在

1.75%，2 年期在 2.25%，3 年期和 5 年期都为 2.75%。

所以该类存款的利率远远高于定期 5 年期的利率，他还有点心动，但是又有点担心它的安全性。

上述张先生正在考虑的存款就是一类特殊的存款，我们称为大额存单，是银行面向个人或者企业、机关团体的一种大额存款凭证。与一般的存款不同，大额存单在到期之前可以转让，但是持有期限不能低于 7 天。

我国的大额存单在 2015 年 6 月 15 日正式推出，由于投资门槛较高，一般是整数金额存入，所以大额存单的利率一般比同期的定期存款的利率更高，很多会从基准利率上浮 40%，个别银行会上浮 45%，而定期存款一般最多上浮 30%。

与定期存款一样，银行的大额存单的利率也是不固定的，大额存单的利率一般与起存金额和存款期限相关，起存金额越高、存款期限越长，大额存单利率越高。而大额存单的起存金额一般在 20 万～100 万元，存款期限有 1 个月、3 个月、6 个月和 1 年期、2 年期、3 年期。具体的利率以银行当期显示的实际利率为准。根据当期的相关数据，如表 4-4 所示。

表 4-4　各大银行利率表

银行名称	起存金额（元）	利率					
		1 个月	3 个月	6 个月	1 年	2 年	3 年
工商银行	200 000.00	1.53%	1.54%	1.82%	2.10%	2.94%	3.85%
	300 000.00	—	1.60%	1.88%	2.18%	3.04%	—
建设银行	200 000.00	1.53%	1.54%	1.82%	2.10%	2.94%	3.85%
	300 000.00	1.59%	1.60%	1.89%	2.18%	3.05%	3.99%
农业银行	200 000.00	1.54%	1.54%	1.82%	2.10%	2.94%	3.85%
	250 000.00	1.56%	1.56%	1.85%	2.13%	2.98%	3.91%
	300 000.00	1.60%	1.60%	1.89%	2.18%	3.05%	3.99%

续表

银行名称	起存金额（元）	利　率					
		1 个月	3 个月	6 个月	1 年	2 年	3 年
中国银行	250 000.00	–	–	–	–	2.98%	–
	300 000.00	1.59%	1.64%	1.89%	2.18%	3.05%	3.99%
	1 000 000.00	–	1.64%	1.94%	2.44%	3.13%	4.10%
交通银行	200 000.00		1.65%	1.95%	2.25%	3.15%	3.85%
	300 000.00	–	–	–	–	–	4.00%
	1 000 000.00	–	–	–	–	–	4.13%

　　根据表 4-4 的利率介绍，如果将 25 万元在农业银行定存 1 年，到期收益为：250 000×2.13%=5 325（元）。我们知道要分散投资风险，实现组合投资，所以要想实现最大的收益，可以将 20 万元购买大额存单，剩余的 5 万元购买某基金，预计某基金年化收益率为 6%，那么一年总收益可能就能达到 50 000×6%+200 000×2.13%=7 260（元）。

❼ 手里的国债，是不是该放了

　　国债历来都受到喜欢低风险的稳健投资者的青睐，国债的发行主体是国家，信用度最高，是公认的最安全的投资。

　　我国的国债早期包括凭证式国债、无记名式国债、记账式国债 3 种，其中凭证式国债，简单说就是债券没有实物，是以国债的收款凭单作为证明，不能上市交易，从购买日计算利息，持有期内如有资金需求，可以去银行网点提前兑取。

无记名式国债就是实物国债，债券面上印有发行年度、面值等，但是不会记载债权人的姓名和单位，在我国债券历史上发行时间最久。记账式国债是适应时代的发展，以计算机记账的方式记录债券的一种国债，可以上市交易，也没有实物。

现在常见的国债分为储蓄式国债和记账式国债。储蓄式的国债包括凭证式国债和电子式国债，两者的区别就是凭证是纸质还是电子化，现在网上购买一般都是电子式。

此外还有购买渠道上的差别，凭证式只能在银行柜台购买；电子式国债可以在银行柜台购买，也可以在银行的 App 等移动端渠道上购买。另外，储蓄式国债不可以上市流通交易。

案例故事

国债购买看一看

刘先生有闲置资金 1 万元，本来打算在网上购买国债，但是上个月他观望了一下，错过了投资机会，听说最近有新的国债发行，但是不是电子式国债，是凭证式国债，需要去银行柜台购买。他打算去银行看看，同时还可以向银行工作人员咨询详情。

银行工作人员告诉他：本次发行的国债分两期，都是固定利率和期限。其中第一期期限为 3 年，票面年利率 3.8%；第二期期限为 5 年，票面年利率 3.97%。100 元起购，到期后一次性还本付息。

如果他以 1 万元分别购买本次发行的两期国债，预计累计到期收益分别为 1 140 元和 1 985 元。而当期的整存整取的 3 年期和 5 年期的定存利率都为 2.75%，存款 1 万元，3 年期和 5 年期的利息分别为 825 元和 1 375 元。

从购买之日起，两期国债持有时间低于 6 个月不计利息；6 个月～1 年，按照年利率 0.54% 计息；1～2 年按照年利率 2.27% 计息；2～3 年按照年利率 3.29% 计息。第二期国债，持有时间 3～4 年按照年利率 3.71% 计息；4～5 年按照年利率 3.85% 计息。

银行人员还告诉他，该债券属于凭证式国债，不能上市交易，但可以提前兑换或者持有到期。

刘先生看着排队的人群，最终还是购买了一份 3 年期的凭证式国债，本金 1 万元，他想就当定存了，但是利息比定存高。

如上述案例，国债的利率一般会比同期的定存利率高一些，而且这类国债，不同的品种发行是有时间限制的，持有时间都是中长期，那么如何买到一种适合自己的国债呢？以下几点建议仅供参考。

◆　提前开户

如果以前从来未购买过国债，购买前需要开立"国债托管账户"，如果国债开售当天开立的话，不一定能够买得到，很多国债开售时就被抢购一空。

◆　购买银行

国债会根据发行额按照一定比例分配到不同的银行，较大的银行分配的额度会更高一点。但是越大的银行人流量也越大，所以同样的产品可以考虑一些规模较小的城商银行或股份制银行。如果觉得大银行更有保障的话，那么在开售当天可以提前去银行排队，一般国债在发行首日 8:30 开售。无论是柜台还是网络，越早购买越好。

◆　购买渠道

电子式国债可以在银行柜台、银行网银、银行 App 购买；凭证式国债只能去银行柜台购买；记账式国债可以在银行购买也可以在沪、深的债券市场购买，但前提是要有上证或深证交易所的账户，与股票买卖一样。

◆ 持有期限

除了可以上市交易的记账式国债，储蓄式国债建议持有到期，否则容易造成利息损失以及支付 1% 的手续费。

◆ 支付的手续费

在银行柜台购买的储蓄式国债和记账式国债是没有手续费的，但是如果通过证券公司购买记账式国债，可能会收取一定的费用，但通常不超过总成交金额的 2‰。

◆ 国债发行时间

储蓄式国债的发行时间都是比较固定的，在每月 10 号。对记账式国债相对来说，时间不固定，具体以财政部的公告为准。

◆ 国债购买存档

购买国债之后，都会有一份国债认购确认书，如果是通过网络购买的，可以打印或者保存下来存档，作为到期收益确认的凭证。

◆ 国债交易注意

记账式国债可以在证券市场交易买卖，国债的交易以"手"为单位，每笔申报以一手为最小的单位，最多不得超过一万手。一般国债的面值为 100 元，一手就是 1 000 元的面值，通常没有涨跌幅的限制，且实行 T+0 交易模式，即当天可以买进卖出。

除了上述建议外，还要关注国债的利息支付时间，是每年付息还是到期一次性支付。如果是每年支付，可以在每年付息之后手动转入购买下一期国债，充分利用复利实现增值目标。

8

关于债券基金，你需要知道

债券基金的本质是债券还是基金？

根据中国证监会对基金类别的分类标准，基金中的资产 80% 以上投资于债券的为债券基金。所以债券基金是投资于债券市场的基金。

在我国，债券基金的投资对象一般是国债、金融债和企业债，它的收益和风险低于股票和股票基金。

根据投资范围的不同，债券基金可分为纯债、一级债和二级债。纯债就是基金资产全部用于债券的投资；一级债券基金资产主要用于债券和新股申购；二级债券基金资产主要用于债券、新股申购以及股票买卖等。对于债券基金的种类还可以借助一些相关网站来了解，如天天基金网。

案例故事

在基金网中认识债券基金

首先登录基金网，可以看到包括基金数据、投资工具、资讯互动等信息。在基金数据栏目下，单击"基金净值"超链接，了解基金的相关信息，如图 4-1 所示。

图 4-1 单击"基金净值"超链接

在打开的开放式基金净值页面，可以看到开放式基金净值、货币型基金收益、理财型基金收益等信息页。①在开放式基金净值栏目下，单击"债券型"按钮，可以看到债券基金的分类，如长期纯债、短期纯债、混合债基、可转债等。②选择任一债券基金进行了解，单击"短期纯债"超链接，此时页面将出现按照序号排列的短期纯债基金列表，如图4-2所示。

图4-2 单击"短期纯债"超链接

纯债基金比较适合每月工资稳定的工薪族，它和货币基金一样风险较低，资金都用于债市的投资。纯债基金只投资债券，不会投资于股票和可转债，风险和预期收益属于债券基金中最低的，特别是短期纯债型基金。

那么作为工薪族，如何选到适合自己的一只债券基金呢？建议还是根据前面我们所说的基金购买小建议，如从基金本金安全、收益高低、购买费用、基金规模方面等综合考虑。

案例故事

简单认识华夏债券投资基金

登录基金网，在基金名称文本框中输入"华夏债券"，在搜索结果中，单击"华夏债券A/B"超链接，如图4-3所示。

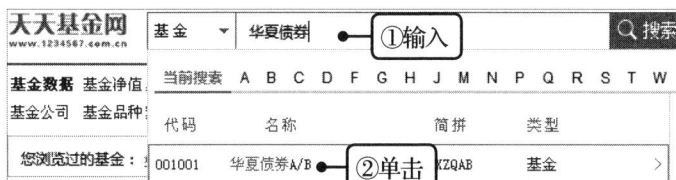

图 4-3　单击"华夏基金 A/B"超链接

进入基金详情页面，可以看到该基金的风险为中等，基金规模 6.21 亿元，管理人为华夏基金，在 2002 年成立，单击"基金概况"超链接，如图 4-4 所示。

图 4-4　单击"基金概况"超链接

进入基金概况页面，看到该基金的托管人为交通银行，分红每份累计 0.89 元，管理费 0.60%，托管费 0.20%，销售服务费率为 0，如图 4-5 所示。

基金全称	华夏债券投资基金	基金简称	华夏债券A/B
基金代码	001001（前端）、001002（后端）	基金类型	债券型
发行日期	2002年09月16日	成立日期/规模	2002年10月23日 / 51.
资产规模	6.21亿元（截止至：2020年06月30日）	份额规模	5.4447亿份（截止至：日）
基金管理人	华夏基金	基金托管人	交通银行
基金经理人	何家琪	成立来分红	每份累计0.89元（44次
管理费率	0.60%（每年）	托管费率	0.20%（每年）
销售服务费率	0.00%（每年）	最高认购费率	0.80%（前端）
最高申购费率	~~1.00%（前端）~~ 天天基金优惠费率：0.10%（前端）	最高赎回费率	1.50%（前端）
业绩比较基准	中证综合债券指数	跟踪标的	该基金无跟踪标的
	基金管理费和托管费直接从基金产品中扣除，具体计算方法及费率结构请参见基金（		

图 4-5　基金概况

此外在该页面，还可以对投资目标、投资范围、分红政策进行简单了解，如图 4-6 所示。

○ 投资目标

在强调本金安全的前提下追求较高的当期收入和总回报。

○ 投资范围

限于固定收益类金融工具,包括国内依法公开发行、上市的国债、金融债、企业(公司)债(包括可转债)等债券,以及中国证监会允许基具。

○ 分红政策

1、每份基金单位享有同等分配权;2、基金当年收益先弥补上一年度亏损后,方可进行当年收益分配;3、如果基金投资当期出现净亏配;4、基金收益分配后基金单位净值不能低于面值;5、在符合有关基金分红条件的前提下,本基金每年至少分配一次,但若成立收益分配,年度分配在基金会计年度结束后的4个月内完成;6、基金持有人可以选择取得现金或将所获红利再投资于本基金,选择采取分红资金按分红实施日的基金单位净值转成相应的基金单位;7、除基金持有人办理了选择分红方式为取得现金的手续,否则其持有默认分红方式为红利再投资。出于业务模式的原因投资者在部分代销机构开立交易账户时选择的分红方式可能为现金分红,但这一本基金。如果投资者选择本基金的分红方式为取得现金,仍需按本基金规定,办理选择现金分红方式的手续。 8、法律法规或监管机

图 4-6　投资目标与分红

华夏债券投资基金，管理人是华夏基金，华夏基金管理有限公司成立于 1998 年。多年来一直运营得不错，比较稳定，所以从基金公司来考虑，这只基金的本金是比较安全的。从基金的投资去向上，从图 4-6 中可以看到，基金投资主要限于固定收益类金融工具，在强调本金安全的前提下，追求较高的当期收入和总回报。

从收益上看，该基金成立以来，整体表现优良，近 6 个月收益率高达 6.04%，且该只基金在 2002 年成立，成立时间在 3 年以上，属于老基金，具有一定的可比较的业绩基准。

从费率来看，在同类中，费率处于中等。从规模上看，该基金经理管理基金总计 13 只，规模达 132.27 亿元，而华夏基金管理基金总计 322 只，规模达 6 651.03 亿元，基金总体规模适中。

当然上述的基金不是推荐理财者直接购买，这里只用作举例使用。任何的投资都有一定的风险，购买债券基金追求稳定是根本，不要盲目追求短期的债券基金的高收益，债券基金的风险很小，但不代表不会波动，一般建议家庭或个人用 1 年内不动用的闲置资金来规划，最后中长期持有，当然具体情况还是要具体分析。

第 *5* 章

薪酬以小博大
股市闯一闯也有可能

工薪族能不能炒股？

答案是肯定的，虽然工薪族不能像专业人士那样天天看盘、分析行情、上市交易，但是工薪族可以在下班时间，抽出一定的时间分析股票走势，制订买入卖出计划。

前提是，在入市前我们需要对股市及股票有基本的了解，股市工薪族还是可以试一试的。

① 新手入市十大规则，简单聊一聊

作为工薪族，上下班要打卡，迟到早退要扣款，有事缺席要请假……这些都是工作中需要遵循的基本规则。同理而论，进入股市，我们也需要遵循一定的炒股规则。

对于股市的规则，可以从交易时间、竞价成交、交易单位、报价单位、涨跌幅限制、"ST"股票、委托撤单、"T+1"交收、申购新股、分红派息及配股来说明，具体如下。

◆ 交易时间

股市的交易时间在周一至周五，法定节假日除外，具体时间在 9:30—11:30 和 13:00—15:00，其余时间不交易。所以对上班族来说，意味着下班以后就不是股市交易时间，不能参与买卖了。但是可以头一天晚上进行行情风险分析，选定某只股票，在第二天的交易时间买入或者卖出。

◆ 竞价成交

竞价成交可以理解为股票时间优先、价格优先。如一只股票，詹先生和黎先生都以 95 元委托买入，詹先生优先委托，券商一般先操作詹先生的委托；如果詹先生以 96 元买入，黎先生以 98 元买入，券商一般先操作黎先生的委托；如果最终詹先生以 98 元卖出，黎先生以 103 元卖出，券商一般先操作詹先生的委托。每天 9:15—9:25 进行集合竞价，即集中一次性地处理全部委托。在每天的正常交易时间，一般实行连续竞价，即逐笔处理有效的委托。

◆　交易单位

股票的交易单位，一般以"股"计算，如有人问你购买了 A 公司多少股份？一般你会回答说 1 000 股，一般 100 股＝1 手。上交所和深交所规定，在股票买入时，以手为单位，卖出时可以是股也可以是手为单位，其中以手为单位要求是 100 股或其整数倍。

◆　报价单位

股票以"股"为报价单位，如"云南铜业"15.07 元，即云南铜业现价为 15.07 元／股，其中交易委托价格最小变动单位：A 股为 0.01 元人民币、深 B 为 0.01 港币、沪 B 为 0.001 美元。

◆　涨跌幅限制

涨跌幅，简单理解是交易所为了抑制过度投机行为，对每日的证券交易价格规定了在前一个交易日收盘价的基础上的波动幅度，一般规定除了首日上市外，每只股票的涨跌幅不能超过 10%。

◆　"ST"股票

如果你看到的股票，在股票名称前有"ST"字样，表示该上市公司在近两年内连续亏损或者近一年内净利润为负，或者交易所对该股票交易正进行特殊处理，遇到此类股票要慎重。

◆　委托撤单

在股市交易中，一般来说都是委托买卖，且在委托后一般不会立即成交。在成交前申请撤销这个买单或者卖单，这就是委托撤单。股票撤单时间和交易时间一样，但在集合竞价时，是不可以撤单的。撤单一般是不会收取任何手续费的。

◆ "T+1"交收

"T"是当天的交易日，"T+1"表示第二天的交易日。"T+1"交易制度是当天买入的股票不能在当天卖出，需要在第二天自动交割过户以后才能卖出，一般 A 股为 T+1 交收，B 股为 T+3 交收。

◆ 申购新股

现在证券交易所发行新股有两种方式，在网上公开发行和在二级市场配售。其中在网上公开发行后，就是我们常见的"打新股"。当股民申购新股时，最低申购 1 000 股，认购 1 000 股或者其整数倍，且一个账户只能申购一次，多次申购默认第一次委托有效，要注意委托的合同号不是中签的配号。股民可以在申购后的第三个工作日通过电话或者其他方式查询新股配号。申购新股没有手续费，如果申购未中签，申购资金将会自动返还到资金账户上，新股申购不能撤单。

当股票在二级市场向投资者配售时，通常持有两大交易所账户且持有上市流通 A 股的投资者才拥有配售新股的权利，如持有 1 万元上市流通 A 股市值的投资者可申购配售 1 000 股，申购数量必须为 1 000 股或其整数倍；如市值不足 1 万元，不计入申购市值。申购方式也是委托申购，超额和重复申购无效，申购一经确认不能撤销。

◆ 分红派息

分红派息是指上市公司向股东派发的红利和利息，有派发现金、送红股、转增股等方式。上市公司通常都会对分红方式进行公告。股民领取分红或者股息，没有任何手续，只要在股权登记日在当天收市时还持有该种股票，都能享有分红派息的权利，分红或者股息会自动地转入股民账户中。

如上是股市常见的一些基本规则，股市实际操作中可能还会需要遵循更多的规则，在后面的股市专业术语中也会有一些额外的补充，活到老学到老，我们平时也需要不断地丰富股票知识，掌握一些小技巧，在适当的时机去股市实践。

❷ 关于股市术语，常用要了解

对于股市新手来说，开盘、收盘、牛市、熊市等或许知道一些，但是对于多头、空头、平仓等专业术语可能缺乏一定的了解。在股票交易之前，掌握股市基本术语能帮助我们更好理解股市，分析股市行情，从而选到一只适合自己的股票。

股市的术语有很多，下面对一些常见常用的术语做简单说明，具体如表 5-1 所示。

表 5-1　股市常用术语

项　目	明　细
股票	股票是股份证书的简称，是股份公司为了筹集资金而发行给股东的一种持股凭证。它的本质是一种没有偿还期限的有价证券，投资者申购了股票就不能退股，但是可以在二级市场进行交易，将股票转让给其他人，只要发行股票的公司存在，股票就存在
开盘价	开盘价指在当日股票开盘后，第一笔交易成交的价格，如果在开盘后半小时内无成交，一般以前一日的收盘价作为当日的开盘价
收盘价	收盘价指每天成交的股票中，最后一笔股票的成交价格
最高价	最高价指在当天成交股票价格中的最高价位，有时一天只有一笔最高价位，有时会有多笔

续表

项　目	明　细
最低价	与最高价相对应，是指当日成交股票价格的最低价位，有时当天的最低价位只有一笔，有时是多笔
升高盘	是指当天的开盘价比前一日的开盘价高出很多
盘档	是指股民在交易当天，对股市持一种观望态度，以至于当天的股市波动幅度很小
停牌	是证券交易所对于股票因某种消息或进行某种活动，引起股价连续上涨或下跌，为保护股民利益，暂停该股在股市进行交易
涨跌	涨跌会通过每天的股票的收盘价与前一日的收盘价的对比，来决定该股票是上涨还是下跌，一般会用"+""−"号表示涨跌
盘坚	股票价格在缓慢上涨，称为盘坚
盘软	股票价格在缓慢下跌，称为盘软
涨（跌）停板	涨（跌）停板是指在证券市场中，对于当天交易的股票的最高浮动限度，常用百分比来表示，如 10%
大户	是指在股票市场，资金实力雄厚、投资额巨大、交易量惊人的投资者，一般是企业财团、信托公司以及其他拥有庞大资金的集团或个人
散户	散户是指在股市中，股票资金金额不大的个人，从广义上来说，个人投资者都可以看作是散户
机构投资者	机构投资者与个人投资者相对应，机构投资者指从事证券投资的金融机构，如常见的保险公司、证券公司、银行等
经纪人	经纪人是指为客户买卖股票，并收取一定佣金的个人或机构。在我国股票经纪人一般是指各大证券商
牛市	牛市是指价格长期呈上涨趋势的证券市场
熊市	与牛市相对应，是指价格长期呈下跌趋势的证券市场
斩仓	是指股民在股票的高价位买进，但遇到股市下跌，为了避免损失扩大，于是低价赔本卖出
仓位	一般包括空仓、半仓、满仓。是投资人实际投资和实有投资资金的比例，如你有 10 万元闲置资金，用 2 万元购买股票，你的仓位就是 20%；如果全部购买股票，就是满仓；如果全部卖出，就是空仓
持仓	是指散户或机构购买了某只股票的行为

续表

项　目	明　　细
套牢	是指投资者买进股票后，因价格下跌而无法卖出
零股交易	是指购买的股票不到一手 (1 手 =100 股)，如购买了 10 股，股票委托买卖时，不能委托零股买入，但可以委托零股卖出
成交量	简单地说就是成交的股票数量，用成交的股数和成交金额来衡量
多头	多头是对当前股市看好，先买入股票等着上涨到某价位时再卖出，从而赚取相应的差价
空头	是指当前股市，股票已经上涨到了最高点或者股票已经开始下跌，在高价时借入后卖出，待低价时再买入归还
崩盘	是指当前现有的股民全部被套牢，没有新股民进入，被套的股民已经斩仓，股票持续下跌
抢短线	是指预期股价将上涨，股民在低价时买进，并且在短期内高价卖出
黑马	是指股价在一定时期内，价格急涨一倍或多倍的某只股票
关卡	将股民习惯上的心理价位称为关卡
开平盘	是指当日的开盘价与前一交易日的收盘价相同
护盘	是指在股市低落或者购买者较少，机构或者大户大量购进股票，防止股市下滑的行为
热门股	是指股票的交易量大、交易周转率高、流通性强、价格变动幅度大的股票。热门股可能也是炒作的高价股，所以股民要慎重
无息股	是指发行公司多年未派发股息的股票
成长股	是指处于快速发展阶段的企业发行的股票，股票的价格处于不断上涨的趋势
优先股	是指在公司发行的股票中，给予投资者一些优先权的股票
蓝筹股	是指在股票市场，投资者把那些在所在行业内业绩优良、成交量活跃、红利优厚的大公司或者集团发行的股票称为蓝筹股
领导股	是指对股市整个行情变化具有一定领导作用的股票
股票代码	用数字来表示股票的不同含义，就好像车牌号

表5-1的基本术语，都是在股市中常遇到或用到的术语，除此之外，我们还应对于股票的种类有基本的了解。

根据不同的划分标准，股票可以分为不同的类别，说明如下。

◆ 按照股票的持有者划分

按照股票的持有者可以分为国家股、法人股、个人股3类。其中国家股的投资者是国家，不可转让；法人股的投资者是企事业单位，经人民银行批准后才可以转让；个人股投资者是个人，可以自由买卖。

◆ 按照股东的权利

按照股东的权力可以分为普通股和优先股，普通股是公司发行的大众股票，普通股的收益主要源于公司经营业绩的好坏，风险较大；优先股有优先领取股息和优先得到清偿的权利，股息一般提前约定，不会因公司经营好坏而变化。

◆ 按照上市地点

按照上市地点可以分为A股、B股、N股、S股等，其中A股（人民币普通股票）是在我国境内的公司发行的，供境内机构、组织或个人以人民币认购和交易的普通股股票。

B股（人民币特种股票），它是以人民币标明面值，以外币认购和买卖，在境内（上海、深圳）证券交易所上市交易的股票。

N股和S股是注册地在内地，上市在纽约和新加坡的股票。

此外，根据股票的收益和风险来分类，股票一般还可以分为蓝筹股、白马股、成长股、周期股、概念股等，在前面的术语中有提到。通常根据上市地点分类比较常用，当然还有普通股和优先股的分类。

③ 关于止损点，为什么要存在

不知道大家有没有听过鳄鱼法则？

假设有一只鳄鱼咬住了你的脚，如果你用手去挣脱，想把脚救出来，那么你的手和脚都可能被鳄鱼咬住，你越挣扎，可能被鳄鱼咬得越惨。所以如果鳄鱼只是咬住了你的脚，在没有其他的援助下，你唯一的机会就是牺牲一只脚，就好像我们听过的断臂求生。

将鳄鱼法则运用到股市里，就是指你手中的股票已经跌到一定程度，如果不想你的股票全部被股市这只大鳄鱼吞掉，你就需要及时斩仓、及时止损。

案例故事

止损点存在的意义

张先生将 10 万元投资股市，亏本了 2.5 万元，亏损率为 25%。他没有卖出，继续持有，变成亏本了 5 万元，亏损率为 50%。现在他要想实现恢复到本金 10 万元，除非接下来股票稳涨 100%。在股市中，下跌到 50% 的个股不少见，但是能选中涨 100% 的黑马是靠运气。

从张先生例子可知，如果一开始他就设置了止损点，即在亏本到某个点，如 2 万元就卖出，那么也不会有后来亏本了 50%。

所以在股市中，止损点存在的意义就是为了在股市中降低亏损程度，以便将损失控制在可承受的范围内。

那么，止损点该怎么设置呢？现在股市设置止损点的理论和方法很多，也没有统一的标准，主要还是根据个人的风险承受能力而定。如你投资

5万元，最多能承受亏本5 000元，那么你的止损点就是本金的10%；如果你最多承受的亏本是1万元，那么你的止损点就是本金的20%。所以止损点一般是不固定的，可以设置移动止损点。

案例故事

如何设置移动止损点

李先生以10元的价格购入一只股票，他设置了第一个止损点为9元，在持有期间，根据不同的股市变化，他对止损点做了相应的变动。

①购买之后，股价不仅没有上升迹象，反而不断下跌，直到跌破9元，他选择了清仓。

②购买之后，股价缓慢上涨到10.8元，他将止损点由9元调整为10.2元，持有了一段时间后股票下跌，跌破10.2元，他选择了清仓。

③购买之后，股价不断上涨，从10元上涨到15元，他将止损点也做了相应的调整，其中上涨股价和止损点之间差额为1元，如股价上涨为15元时，止损点设置为14元。

除了上例所说的通过股价的变动设置相应的止损点外，还可以借助外援，如MA均线图。喜欢短线炒股的投资者可以参考MA10均线作为止损点；中期的投资者可以参考MA20、MA30、MA60设置止损点；长期的投资者可以参考M125和M250设置止损点。

此外还可以通过指标，设置相应的止损点，如技术指标发出卖出指令时可以参考设置止损点，如常见的SAR（抛物式转向指标），也称停损点转向指标。如果股价跌破SAR，就意味着我们可以考虑平仓了。

每个家庭投入本金、风险承受能力、股票选择等是不同的，加上股市千变万化，所以这导致止损点的选择不是固定的。

止损点的确认可以参考相关图形及指标，什么时候选择止损呢？一般当股价一直处于上升中，却突然大幅度下降，已经打破了上涨的趋势，且距离支撑位还很远，可以考虑平仓止损。

❹ K线图，看起来很简单

股市的分析，一定离不开 K 线图，K 线图是各种分析指标的入门。K线图是一种特殊的股市语言，不同的形态代表不同的意义。

因为 K 线图绘制出来的图形像蜡烛，因此 K 线图又称蜡烛图，如图 5-1所示。

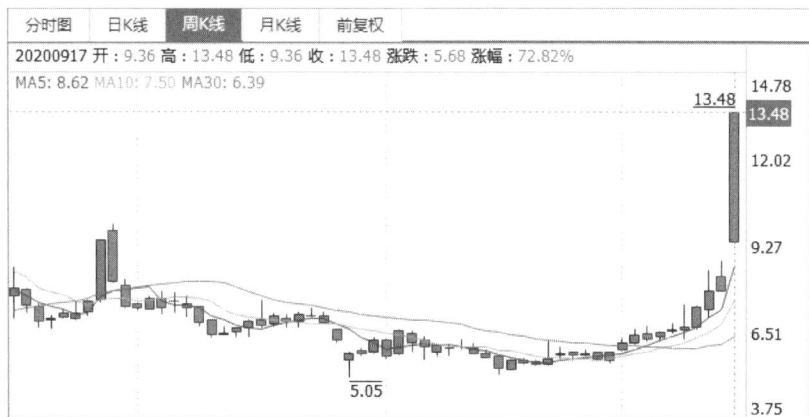

图 5-1　周 K 线图

K 线图一般包含四大要素：开盘价、最高价、最低价、收盘价。如图 5-1所示：开盘价为 9.36 元，最高价为 13.48 元，最低价为 9.36 元，收盘价为13.48 元。根据绘制的时间不同，K 线图还可以分为日 K 线图、周 K 线图、月 K 线图。

作为工薪族，如何看懂 K 线图呢？可以从颜色、柱体、阴影来看，如图 5-2 所示的月 K 线图。K 线图主要由两种颜色组成，其中红色叫阳线，代表股价上涨；绿色叫阴线，代表股价下跌。

阴线和阳线的中间为实体柱体，如果收盘价高于开盘价，一般是看多，反之则是看空。一般如果阳线柱体越长，意味着上涨动力越强，阴线柱体越长则相反。

实柱体上下的虚线为影线，分为上影线和下影线，代表着各种数据的价格差。影线越长，表示股价波动的概率越大。此外围绕着 K 线图的几条曲线就是移动均线（MA），MA5、MA10、MA30 三条均线，主要用来反映 5 天、10 天、30 天股价的变动趋势，如图 5-2 所示。

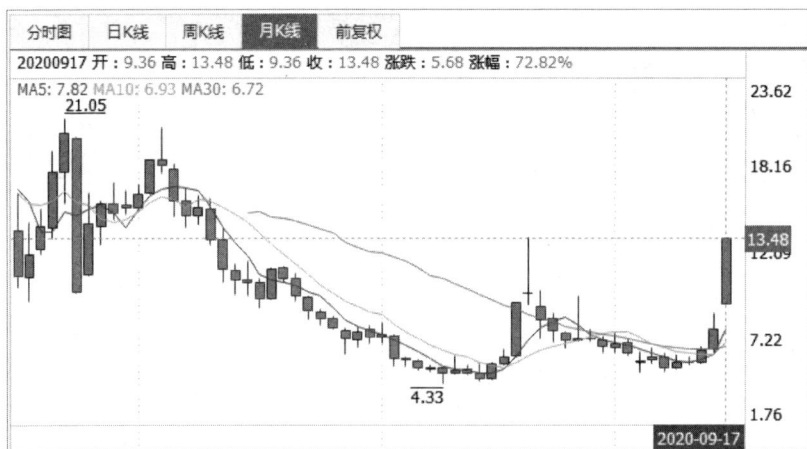

图 5-2 月 K 线图

根据 K 线的形态可以做基础分类，如阳线、阴线、一字线、十字线、T 字线、倒 T 字线等。简单说明如下。

①阳线表示在当下的 K 线图中，开盘价小于收盘价。

②阴线表示在当下的 K 线图中，开盘价大于收盘价。

③一字线表示在当下的 K 线图中，在单位时间内无明显的价格波动，开盘价等于收盘价。

④十字线表示在当下的 K 线图中，在单位时间内，价格呈现双向波动且回归，开盘价等于收盘价。

⑤T 字线表示在当下的 K 线图中，在单位时间内，价格仅向下波动且回归，开盘价与收盘价相等。

⑥倒 T 字线表示在当下的 K 线图中，在单位时间内，价格仅向上波动且回归，开盘价与收盘价相等。

此外，根据开盘价与收盘价的波动范围，一般还可以将 K 线分为极阴、极阳，小阴、小阳，中阴、中阳和大阴、大阳等线型。具体表现在蜡烛柱体的形状上，柱体依次从小到大。

在 K 线图中，还会看见一些特殊的阴阳线，例如，光头阳线（没有上影线的阳线）、光头阴线（没有上影线的阴线）、光头光脚阳线（既没有上影线又没有下影线的阳线）、光头光脚阴线（既没有上影线又没有下影线的阴线）、十字星线（开盘价与收盘价相同或接近的 K 线）。

不同的 K 线代表不同的股市情形，K 线图可以作为行情参考，但不是决定因素，是否考虑购买一只股票，除了当前行情，还应考虑股票背后发行企业的所处行业、企业前景、企业规模、企业利润等综合因素。在股票的行情软件中，可以查看到相关企业信息，如图 5-3 所示。在该页面可以看到该月 K 线图的各种组成图形，包括光头光脚阴阳线、中阴中阳、十字星线等。此外，在页面的上方，可以查看相应的资金流向、公司资料、新闻公告、财务分析、经营分析等。其中，在财务分析栏目下，还可以查看企业的财务指标、指标变动说明、财务报表等。

首页概览	资金流向	公司资料	新闻公告	财务分析	经营分析	股东股本	主力持仓	公司大事
				财务指标 指标变动说明 资产负债构成 财务报表				

最近访问	我的自选股		投资提示

股票名称	最新价	涨跌幅
同花顺	162.10	9.5%
科隆股份	16.18	20.03%
筑博设计	30.91	2.38%
海能实业	59.80	0.93%
贝斯美	23.35	-2.26%
中国中车	5.70	2.15%
紫金矿业	7.03	3.38%
中国核电	4.61	1.77%
中国银行	3.24	0.93%

分时图　日K线　周K线　月K线　前复权

20181031 开：5.33 高：5.39 低：4.33 收：4.93 涨跌：-0.46 涨幅：-8.53%

MA5: 5.47 MA10: 6.48 MA30: 11.00

21.05

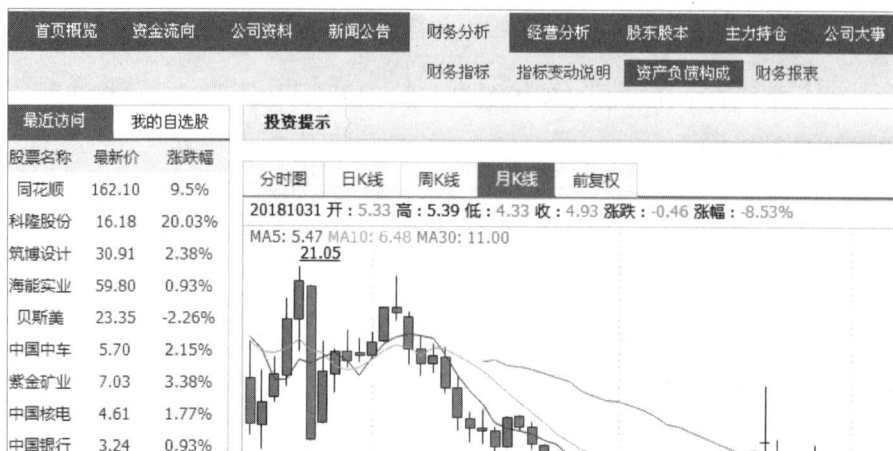

图 5-3　企业信息展示

K 线图对新手来说，会比较难一点，多去认识学习 K 线图的各种形状及组合，有助于我们更好理解当前股市形态，做出正确的判断。

5

传说中的低价股，怎么去理解

在股票市场，有的人以每股 15 元的价格买入，有的人却以每股 3 元的价格买入。每股 3 元的这只股票，就是我们常说的低价股。低价股一般默认是股票价格低于 10 元的上市公司股票。选择低价股和选择其他的股票有何不同呢？以案例说明如下。

案例故事

低价股还是高价股

刘先生将闲置的 5 万元资金，以每股 3.21 元的价格买入 F 股票 10 000 股。该股现价为 4.37 元，在不考虑其他的因素下，他获得的投资浮盈为 11 600 元左右。

同时，他以 15.47 元每股的价格，购入 M 股票 1 000 股，该股现价为 22.34 元。在不考虑其他因素下，他获得的投资浮盈为 6 870 元左右。

通过上面的案例发现，因为 F 股为低价股，在资金余额有限的前提下，总额为 5 万元，刘先生将 3 万多元用来购买低价股，购买到 1 万股；而剩余的 1 万元，只能购买到 M 股票 1 000 股。在持有期间，虽然 M 股的涨幅高于 F 股，但是 F 股胜在股票数量上，所以最终购买 F 股的收益高于购买 M 股的收益。

并不是每一只低价股都值得购买，有的低价股购买后，是可能会亏本的。那么，哪些低价股可以考虑呢？在熊市中，股市低迷，入市要谨慎。这里考虑在牛市中，如何选择低价股。

◆ 证券低价股

一般券商股的价格是相对较低的，此时考虑低价股，我们就要考虑股票背后公司的业绩、盈利、经营等。有的公司因为业绩优良，上涨幅度较大；有的公司虽然市值小却爆发了潜力。稳健的投资者可以考虑证券股的中低价位的股票或者蓝筹股。一些偏好高风险的投资者可以考虑上市不久有潜力的新股。一般证券股票市值以 500 亿元为界，大于 500 亿元，一般是股价相对稳定的大市值蓝筹股，小于 500 亿元的则是小市值个股。

◆ 科技低价股

近年来，科技不断发展，国家对科技创新也给予各种支持。现在及未来十年，科技创新都是新兴的生命力。对于一些具有潜力的科技股或者已有一定成绩、业绩较好的科技股，其中的低价股，我们可以综合考虑，拥有这些低价科技股，未来的牛市是值得期待的。

◆ 带中字低价股

带中字的个股，如中国中铁、中国中冶、中国电建等，这种个股的市值大、股价低、业绩好。在熊市中表现不明显，在牛市中，就会出现大幅上涨。一般业绩较好、被低估值、股价相对较低的中字个股，其中具有一定的潜力的低价股，可以综合考虑。

总的来说，无论选择上述的哪一类，选择的都是绩优低价股。简单说就是至少 6 个季度以上的业绩表现，甚至是历年的业绩表现较好，业绩保持平稳增长，如此选择的低价股成功率更高。

除了业绩，还要看低价股的估值，如一只股票股价为 4 元，现在估值只有 5 倍，实际正常的估值区间在 5 ~ 10 倍，那么该只股票就是被低估的，如果该股票业绩优良还存在被低估，那么购买后上升空间才高。

对于某些高价股，如 40 元、50 元、60 元的个股，如果该股票业绩优良，且存在被低估的可能，可以综合分析后，考虑是否选择。

对于某一年度的热门股，特别是热门股中的低价股，要慎重选择。因为这些低价股可能是因为公司业绩差、公司出现问题或是一些特殊情况等造成的。

低于 1 元的低价股，对于该类低价股，投资价值相对较小，投资风险也大。此时一定要综合分析，如该股除了热门，是否在未来具有上升趋势？公司经营是否稳定？公司不利局面是否正在扭转？公司近年来的业绩表现如何？公司管理层是否出现重大变动……总之，综合分析该股是否值得购买，不要只是因为便宜或者操作方便而购买。

现在市场的低价股不少，需要进行一定的筛选，股票公司的业绩、估值、经营等是重点，对于那些股价特别低的低价股要慎重。

⑥ 人工智能时代，科技股要慎重

随着人工智能时代的到来，科技股在未来很长一段时间会成为投资的主线，但并不是股市里任何带"科技""高科"的股票都是值得购买的科技股，科技股细分的行业很大，股民们很难选择。

总体来看，科技股可以分为两大类：硬科技股和软科技股。硬科技就是一些具有实体产品或提供实体生产的行业所拥有的技术，如电子、半导体、通信、生物科技、计算机软件和硬件等；软科技包括人工智能技术、云计算、大数据等，其中人工智能、半导体、软件等高新科技股，都是具有一定前景的科技股。

对于股市新手来说，刚开始接触科技股，不容易分清哪只科技股有用，哪只科技股不靠谱。

要想选择一只靠谱的科技股，可以从发行科技股的公司出发，如看公司技术创新、产品创新、商业模式创新、行业优势、毛利率等。

◆ 公司技术创新

技术创新主要体现在企业的研发投入上，研发费用占总投入的比例是否逐年增长，是否有技术更新。

◆ 产品创新

产品创新主要体现在产品的更新迭代上，产品是否创新，是否得到市场认可，最简单的就是看产品的销量。

◆ 商业模式创新

商业模式的创新，最简单的就是看产品产业链及盈利模式是否成熟。一般成熟的产业链比较好地满足大众需求，可以为企业实现优良业绩提供助力，而成熟的盈利模式则会使企业更好地实现盈利。

◆ 行业优势

可以看在同行业中的地位是否靠前，同时自身产品的替代性有多强，排名靠前且不容易被替代的产品都具有行业优势。

◆ 毛利率

毛利率主要体现了产品的销量情况，毛利率同比增长越高越好，是行业的领头羊最佳。

科技股很有市场前景，但是对应的风险也大。对于科技股背后的公司来说，企业的管理会进步也会退步，技术、产品能创新也能被市场淘汰。在考虑科技股时不仅要考虑产品在技术、产品、行业上的竞争力，更要关注科技股背后的发行公司状况。

都说买股跟着龙头走，科技股也是。作为新手，如果不知道怎么选择，可以参考一些龙头股，通过指数筛选的方式，选中适合的科技股。

科技龙头 ETF 跟踪科技龙头指数，主要由沪深两市中电子、计算机、通信、生物科技等科技领域中规模较大、市场占有率高、成长能力强、研发投入高的 50 只龙头公司股票组成。

近年来，"新基建"成为 A 股热门，"新基建"具有典型的科技特征，它以科技为支撑构建数字经济时代的关键基础设施，而 A 股中的科技龙头类上市公司以其雄厚的科技实力，成为推动"新基建"的主力军。

"新基建"包括 5G 基建、特高压、城际高速铁路和城际轨道交通、新能源汽车充电桩、大数据中心、人工智能、工业互联网七大领域，涉及诸多产业链，在一个细分领域，又衍生出 10 只以上的个股。所以对于新手来说，选择科技股时，选择投资方向难，选择个股也难。

科技 ETF 指数中的 50 只龙头股则覆盖了 5G、新能源车、芯片等热门股，特别是 5G 概念龙头股，"新基建"的重点，其占比在 60% 以上。此外新能源也是热门的分类，通过科技 ETF 筛选个股，可以使新手股民们，参与新"基建"的投资变得简单易行。

除了通过科技 ETF 指数选择科技股外，还应考虑龙头科技公司的业绩、估值、经营等。总之，股市有风险，入市需谨慎。

⑦ 股票买卖，选中一只好股票

对于新手来说，股市中的股票数量多，K 线图常变化，指标分析难，那么该如何去选股，甚至选到一只优质股呢？

首先，可以看公司所在的行业及行业背景。公司处于发展前景比较好的行业中，是很多股民喜欢投资的。在股市中，优质的行业很多，如科技类、电子、化工、机械设备等，这些行业可以作为股市选择中的重点选择。当然行业前景和行业地位也很重要，不应该只看短期，应该从长期的表现来看，至少也得是 6 个季度以上或几年的表现都优良。

其次，主营业务简单明了，一些公司的主营业务可能涉及很多个板块，但是每个板块都比较虚拟化，最后投资者也不明白公司的业务到底是什么，可能只是概念炒作。一般选择公司的主营业务是具体清晰的，有实体的产品最佳。

如图 5-4 所示，该公司的主营业务是铜的采选、冶炼，贵金属和稀散金属的提取与加工等，产品主要有阴极铜、硫酸、贵金属，简单清晰明了。

主营介绍

主营业务：铜的采选、冶炼,贵金属和稀散金属的提取与加工,硫化工以及贸易	
产品类型：阴极铜、硫酸、贵金属	
产品名称：阴极铜、 硫酸、 贵金属	
经营范围：有色金属、贵金属的生产、加工、销售及生产工艺的设计、施工、科研。高科技产品化工产品的生作、安装,经营本企业自产产品及相关技术的出口业务;经营本企业生产的科研所需的原辅料、机术的进口业务;经营本企业的进料加工和"三来一补"业务;出口本企业自产的铜材、选矿药剂、的原材料、机械设备、仪器仪表、零配件、经营有色金属开采和选矿业务,化肥加工及销售,饲	

图 5-4　主营产品展示

然后，企业具有持续经营的能力，主要体现在持续的盈利能力以及良好的财务状况。企业每年的利润平稳增加，可以通过查看企业的财务报表，找到几个关键指标，如负债率、净利润增长率、毛利率等。

例如，根据 A 公司的年度报告，当期营业总收入 888.54 亿元，其中主营业务收入 854.30 亿元，实现净利润 412.06 亿元，净利润同比增长 17.05%，基本每股收益 32.88 元，每股净资产 108.27 元，每股经营现金流 35.99 元、销售毛利率 91.30%、资产负债比率 22.49%。

通过这些数据，可以看到企业的负债率低于 50%，每股收益大于 1 元，净利润增长在 15% 以上，企业的现金流大于 0，企业毛利率在 60% 以上，说明该企业相对同行业，主营获利能力保持稳定，偿债能力、运营能力有所加强，盈利能力和成长能力维持稳定。

再次，看企业市盈率的高低。市盈率是指股票价格除以每股收益的比率。计算时，股价通常取最新收盘价，例如，F 股最新收盘价为 13.7 元，每股收益 0.3 元，则市盈率为 45.67。一般认为一只股票的市盈率越低，表明股票回本期限越短，股市投资价值越大，投资风险越小。

但这并不意味着市盈率越低越好，股票公司的市盈率低，也可能是因为企业经营状况不良造成。可以去看企业所在行业的平均市盈率是多少，如果企业的市盈率低于行业的平均市盈率，则意味着该企业是具有一定的投资价值的。如 F 股所在行业的平均市盈率为 58.79，则相对来说，F 股是具有一定的参考价值的。

最后，看企业涨跌幅是否相对稳定，通常股票都会经历上涨、下跌、回调、上涨等。优质的股票，涨跌幅会在一个相对合理的区间，涨跌都在这个区间范围内波动，同时股票的换手率也相对稳定。

选择一只优质的股票，对发行股票公司的了解很重要。买卖股票不是靠运气，一定是建立在对股市的基本分析基础上。如上的建议仅作参考，实际选股还需要根据实际股市变化而变化，平时可以多与一些资深股民交流，不断丰富理论知识。专家选股不一定适合，但是其投资经验及技巧可以学习，筛选式吸收，最终将理论用于实践。

8

当你被套牢以后，解套是关键

对于股民来说，大多数都被套牢过，股市被套人人都可能遇到，不是逃避就可以的。被套牢以后，有些误区千万不要进。

①不管它，坐等股票被动解套，不卖就不亏本。实际上本来你每只 10 元的股票解套后可能只用亏本 5 元，最后却可能亏本在 10 元甚至以上。

②越亏本越补仓，以为会反弹，实际可能是股价一路跌到底。

③不设置止损点，不知道亏本在哪个价位卖出好。

④眼看亏本就抛，错过了反弹，错过了亏损的弥补甚至盈利。

股票解套一般可以分为被动解套和主动解套两类。被动解套是把被套的股票放在一边不去管它，希望等大盘走势良好时，再将被套的股票带着上升。主动解套就是个人采取各种办法，将股票的损失降到最低。

股市解套的方法很多，下面介绍一些常见的方法。

◆ 向下差价法

向下差价法使用的前提是，股市是否具有向下的走势，如果向上就不适合采用。当股票被套以后，股票反弹到一定的高度，可以先卖出剩余股票，等股票下跌到一定价位再买回，通过高卖低买的方式来降低股票的购买成本。最后，当总的资金已经弥补了亏损甚至实现盈利时，再全部卖出。

◆ 向上差价法

向上差价法使用的前提是，股市是否具有向上的走势，如果向下就不适合采用。当股票被套以后，在相对的低点买入，等反弹到一定的高度再卖出，通过这样多次操作，弥补亏损，降低股票成本，最终完成解套。

◆ 降低均价法

降低均价法适合那些具有一定闲置资金且具有一定风险承受能力的人。当股票被套以后，股票下跌一段时间，加倍购入同一只股票，通过降低股票购买的平均成本，在股票反弹或者上涨时，实现解套。这种方法相对操作风险较大，应慎重使用。

◆ 单日 T+0 法

单日 T+0 法是根据单日股价的变动而采取的解套方法。例如，昨天200 股被套，今天可以再买 200 股，如果股价上升了，就卖出其中的 200 股，这是先买再卖；当然也可以今天先卖出其中的 200 股，如果股价下跌，再买进 200 股，这是先卖再买。无论哪一种方法，通过几个来回操作，今天和昨天的持股数量都是 200 股，但是资金增加了，最终解套。

◆ 换股法

如果你对手中的股票已经绝望了，那么可以考虑选择一只与自己持有的股票差异不大的股票来等价交换，但是该股票是有上涨希望的，通过后来购买的股票的上涨收益来抵销前面被套股票的亏本。

◆ 半仓滚动操作法

半仓滚动操作法与前面几种类似，但不是全仓买进卖出，而是半仓。例如，昨天被套 200 股，今日买进 100 股，如果股价上升，就卖出 100 股。这样的方法可以降低操作风险，避免因为投资者对于股市的判断失误而采取错误的决策，并且可以保证手里还有半仓现金。

总之，主动解套的方法有很多，不管采取哪一种方法，本质都是降低购买股票成本，弥补亏损，甚至实现盈利。

⑨ 网络炒股，一定要注意的事儿

现在智能手机已成为人们生活的必备用品，随着手机功能的不断强大，手机不仅能办公还能理财。以前炒股只能去证券公司，现在只要有手机就可以，但手机炒股需要一定的步骤，说明如下。

◆ 手机开户

目前大多数券商都支持手机股票开户，不用去证券公司办理，但需要准备个人身份证和银行卡。银行卡是与证券账户绑定的，以后股票买卖就从该账户转账，很多券商开户都是免费的。

手机炒股可以选择下载证券公司的 App 进行自助开户，根据开户提示操作，一般提交申请后会进行人工审核，通常在半个小时内就会有短信提醒开户是否成功。开户成功后，第二天可以选择转入资金，开户操作和微信开户一样简单，这里不做详细说明。

◆ 资金转账

开户完成以后，接下来就需要向证券账户转账，转账的时间需要在股票的交易时间，如周一到周五开盘时间，如图 5-5 所示。输入转账金额和银行密码，转账的金额根据自己预算的炒股资金而定。这里存管的银行是农业银行。

图 5-5　转账到股票账户

◆ 风险测评

当股票账户有钱了，接下来就可以买卖股票了。在买卖之前，系统会要求做一个风险测评，测试你的投资类型，如图 5-6 所示。

测试完成以后，就可以对股票进行筛选，一般作为股市新手会有很多不足，在炒股初期，不要跟风跟热门，可以看一些蓝筹股或者大盘股。这种类型的股票具有一定的抗风险能力。

如果你有心仪的股票，输入相应的股票代码、买入价格、买入量，委托订单买入即可，如图 5-6 所示。一般委托订单买入量要求是 100 的整数倍。

图 5-6　风险测评与股票买入

新手在买入股票时，不要将账户资金全部一次性购买，可以尝试分批次购买，降低投资风险。

网上炒股其他注意事项如下。

◆　交易密码的设置

证券交易密码的设置和银行卡密码一样，一定要注重安全，如果密码泄露，容易影响个人资金和股票安全，建议在设置交易密码时不要设置出生年月、电话号码、常用吉祥数字等，可以定期修改。

◆　交易操作要谨慎

证券公司要求股民输入的交易信息必须是准确无误的。如果因输入错误造成损失，股民自己负责，所以股民在输入买入或者卖出的信息时，一定要谨慎，仔细核对相关信息，如股票代码、买入价格、数量等。确认无误后，再选择买入或者卖出。

◆ 及时查询买卖指令

有时候网络界面已经显示委托成功，但是券商那边却未收到委托指令。有时网上未显示委托成功，但券商却收到多次委托，股票重复买卖。所以为了避免如上情况的发生，股民每次委托操作后，可以对发出的交易指令进行查询，看券商是否受理或者成交，就像我们在淘宝购物后，去查询相关交易详情，看交易是否成功、卖家什么时候发货等。

◆ 及时退出交易系统

交易系统使用完毕应及时退出，否则可能因为家人、亲朋等使用手机，误操作以后造成错误的交易指令。如果是在公共场所登录交易系统，交易完毕后更要及时退出，以免带来账户资金损失。

◆ 开通电话委托

电话委托作为网上交易的一种补充，如果遇到网络系统故障无法及时登录时，可通过电话委托，不会耽误最佳的买入或者卖出时机。

上述是一些常见的股市注意事项，在实际炒股中要多注意、多总结。作为股市新手，在对股市不熟悉的情况下，可以通过一些股市模拟交易软件来练练手。

第 6 章

理财方法升级
高收益伴随高风险

5 年前的职场和 5 年后的职场，你还是你，但实际上你已经不是你了，无论是从心态还是业务能力甚至薪酬上来说，都实现了一个大跨越。

理财同样如此，即使是理财新人，在理财理论与实践下，个人理财能力也在一天天提高，理财方法也在不断升级。人往高处走，水往低处流。在一定的条件下，普通的你我也可选择传说中的外汇、黄金、白银等双高产品。怎么选？本章就简单聊一聊。

新手入汇，一张简单小妙方

我们知道股市的交易时间和工薪族的上班时间是重合的，那么有没有一种理财可以实现 24 小时交易呢？即使在下班以后，上班族也可以买卖交易？

答案是肯定的，就是外汇。对于新手来说，如何正确入门是关键。找对方法可以让我们减少损失同时少走弯路。如何才算对的方法，仁者见仁智者见智，一张简单的小妙方供参考。

首先，需要了解一些外汇常识，如外汇的基本术语，便于更好地理解外汇市场，如表 6-1 所示。

表 6-1　外汇常用术语

项　目	明　细
外汇	广义上说就是一国拥有的以外币表示的资产，从狭义上来说，外汇就是以外国货币表示，可用于国际间债权债务结算的各种支付手段
汇率	两种货币之间兑换的比率或比价，如 1 欧元 =7.943 6 元人民币
基准货币	汇率报价中作为基础的货币，如欧元兑美元，基准货币为欧元
外汇价格	包括买入价格和卖出价格，指外汇交易合同中准备买入或卖出一种货币的价格
点差	指外汇买入和卖出之间的差额
佣金	经纪人从客户交易中收取的费用
基点	外汇的报价由四位数组成，小数中的最后一位就是基点。大多数货币汇率的基点都是 0.000 1

续表

项　目	明　细
外汇交易时间	周末全球休市，以北京时间为基准，国际各主要外汇市场开盘收盘时间如下。 1. 新西兰惠灵顿外汇市场：04:00—12:00（冬令时）；05:00—13:00（夏令时）；2. 澳大利亚悉尼外汇市场：06:00—14:00（冬令时）；07:00—15:00（夏令时）；3. 日本东京外汇市场：08:00—14:30；4. 新加坡外汇市场：09:00—16:00；5. 德国法兰克福外汇市场：14:00—22:00；6. 英国伦敦外汇市场：16:30—00:30（冬令时）；15:30—23:30（夏令时）；7. 美国纽约外汇市场：21:20—04:00（冬令时）；20:20—03:00（夏令时）
T+0 交易	指双方在成交当天就可以办理清算交割的交易
建仓	交易者新买入或新卖出一定数量的外汇行为就是建仓
手续费	交易平台为客户提供相关服务所收取的服务费用
现手	指已经成交的最新一笔买卖的手数
交割	指通过金融票据或货币的交付来结清相关交易的行为
介入	指中央银行通过进入市场而影响它的货币价值的行为
低估	指以低于其购买力水平的汇率估值
市价单	指以现价买入或卖出商品的订单
外汇交易平台	指在外汇市场上，具有一定信誉、规模、实力的独立交易商，不仅能向投资者报出货币的买卖价格，而且接受投资者的买卖要求
外汇交易市场	外汇交易市场没有具体地点，也没有中心交易所，所有的交易都是在银行之间通过网络进行
外汇交易方式	包括外汇实盘交易和虚盘交易，实盘交易指通过在银行开设账户进行的外汇交易；虚盘交易是投资者用自有资金作为担保，从银行或经纪商处提供的融资放大来进行的外汇交易
外汇交叉盘	指两个非美货币之间的交易，如欧元 / 英镑
外汇牌价	各银行根据中国人民银行公布的人民币市场中间价以及国际外汇市场行情等因素，制定的各种外币与人民币之间的买卖价格。外汇牌价实时变动，即同一天牌价根据时间不同而不同
外汇直盘	指含有美元货币对的交易，如欧元 / 美元

其次，可以像炒股一样，下载一些模拟炒外汇平台，尝试模拟交易。现在外汇模拟交易平台有很多，选择一家靠谱的平台很重要，平台好坏主要可以从平台资质、监管机构、出入资金渠道、是否稳定等多方面去综合考虑。

然后，与一些具有丰富炒汇经验的投资者进行交流，学习相关交易技巧及交易心得，从中吸取对自己有用的知识。

再次，投资者关注外汇行情，可以根据相关政策或者经济数据的变动，解读其对于外汇汇率变化带来的影响，平时可以多关注相关的外汇新闻。

最后，参与实盘交易，当理论及心态准备好以后，就可以实践了。在建仓时，建议新手仓位最好不要超过总资金的10%，例如，资金账户资金为1万元，仓位最好不要超过1 000元，后期可以根据交易情况决定是否加仓。炒外汇不能持暴利心态，整体态度是求稳。在交易前，可以像炒股一样设置相应的移动止损点和止盈点。

外汇交易对于中国的投资者来说是有利的，因为在晚上的8点到12点，正是欧美市场的白天、市场交易最活跃、汇率变动也最大，而这个时间中国的投资者们则有足够的时间参与外汇交易。

新手只要200美元就可以开户，在交易过程中，最低交易是0.01手。其中1手是"1个标准手"的简称，是一个标准化合约，代表100 000个基础货币单位的交易。在保证金交易中，一般是以1∶100的杠杆比例计算手，买卖一个标准手就是100 000/100=1 000本币。

外汇收益就是买卖价格的差额，但实际计算中会考虑更多的因素，如根据点数计算。张先生在美元兑人民币汇率为6.813 5时花1万元买入美元，如果在汇率为7.113 5时卖出，则在不考虑其他的费用的前提下，他获得收益："10 000÷6.813 5×（7.113 5-6.813 5）=440.30元"。一般点数的本质就是汇率，1% 就是 100 个基点。此外，在外汇交易时，不需要自己计算收益，平台系统会自动计算好盈利，并将收益转账到投资者的个人账户。

杠杆式的外汇投资交易具有很高的风险性，投资者应根据自身预算、投资经验、风险承受能力、投资目标等综合考虑是否要投资。如果考虑外汇交易风险太大，可以在银行开立相应的外汇账户，储备外币资产，用于获得利息收入或者用于境外消费。

❷ 关于黄金投资，你需要知道

黄金不仅是一种装饰品，它也是一种投资理财产品，是普通人也能参与的投资理财。

黄金投资分为实物黄金和纸黄金两种。其中实物黄金具有较强的兑现能力，但是增值空间相对较小；纸黄金的收益相对于实物黄金，增值空间更大，但是交易风险也较高。

新手参与黄金投资，第一步了解黄金投资常识很重要，例如，黄金交易平台、交易品种、交易时间、交易术语等，具体如下。

◆ 黄金交易平台

黄金交易平台类似于股票交易平台，是一种提供黄金买卖交易的系统。在选择平台时要注意其合规合法，监管是否完善。比如我国上海黄金交易所。

◆ 黄金交易品种

黄金交易一般实行标准化交易，交易品种有 Au99.95、Au99.99、Au50g、Au100g 现货实盘交易品种，Au（T+5）与 Au（T+D）延期交易品种，Au（T+N1）与 Au（T+N2）中远期交易品种三大类。

◆ 黄金交易时间

黄金交易时间分为三个时间段：早盘：09:00—11:30；午盘 13:30—15:30；晚盘 20:00—02:30。其中晚盘的竞价时间在 19:50，每天的晚盘交易计入次日，而周末不交易，周五没有晚盘。

◆ 黄金交易方式

黄金交易中更多的是现货黄金交易，即在交易成交后当天交割或数天内交割的即期交易。例如，买方在交易所指定的账户内存入相应的金额，卖方将出售的黄金存放在交易所指定的黄金交割仓库，根据价格优先、时间优先的原则，实行自由报价、撮合成交，集中清算的交易方式。

◆ 黄金交易常用术语

与股市术语一样，对于新黄金交易者来说，了解常用的交易术语能使我们更好地进行行情分析及买卖决策，说明如下。

①合约单位是指交易一手黄金的数量，其中一手伦敦金的合约单位是 100 盎司。

②保证金是指在开户时需要投入的、按照一定比例作为持单证明的资金，具体需要根据平台或者交易所规定执行。

③杠杆比例是指在建仓时保证金与商品合约价值的比例，如伦敦金 / 银的杠杆比例为 1/250。

④建仓包括买入建仓和卖出建仓，预期黄金即将上涨，从而买入黄金就是买入建仓，预期黄金将下降，卖出黄金的行为就是卖出建仓。

⑤平仓是指现在买入或者卖出的订单是以之前卖出或者买入的同等价格进行交易的行为，如卖出平仓是以买入价进行交易的。

⑥开盘价是指交易当天第一笔交易或集合竞价成功的价格。

⑦收盘价是指交易当天最后一笔交易价格或多笔成交价格的均价。

⑧牛市与熊市，黄金价格长期保持上涨的趋势，被认为是黄金出现牛市，与此相反则是熊市。

⑨猴市是指当前黄金市场，价格出现无规律的波动，向猴子一样上蹿下跳，猴市风险较大。

⑩骗线是指一些大户利用市场，故意进行错误引导，使个人投资者做出错误的判断。

◆　黄金交易程序

黄金交易程序包括开户、缴纳保证金、委托代理买卖、清算和交割。以上海黄金交易所为例，首先是在中国银行、工商银行、建设银行等交易所规定的银行开立网银账户，并且注册成为上海黄金交易所会员，签订相关委托协议。

黄金会员要入场交易，一般客户买入黄金的价款应先通过清算银行划入上海黄金交易所的保证金账户，卖出黄金应将黄金先缴存到上海黄金交易所指定的开设在工商银行、中国银行、建设银行等银行的黄金交割库。

委托代理交易双方买卖达成，接下来需要进行清算和交割。其中买方向卖方交付价款，卖方向买方交付黄金，清算完成就办理交割。交割时，卖方要根据交易所规定执行。黄金是整条，不切割，买方要仔细核对交割单。如要提取黄金，可以委托开户行向交易所申请提取黄金，根据相关证明去当地黄金交割库自行提取。

实物黄金完成清算和交割，交易就算完成。如果是纸黄金交易，那么就还需要完成过户。纸黄金是一种黄金物权证书，代表着持有者对于黄金的所有权，所以买卖纸黄金双方交易完成后，还需要进行物权的转让。就像房产证一样，买方需要在黄金所有权的权证上变更所有者的姓名、地址、所持数额等信息，一般过户手续可以委托交易所或者开户的商业银行完成，只要计算机系统显示变更成功，过户手续就已经完成。

无论是实物黄金还是纸黄金交易，对于新手来说一定要注意如下几点。

● **远离非法黄金交易公司**：如声称公司是纽约或是伦敦现货黄金交易市场的会员单位，是在中国设立的代理公司，要求会员注册时，将保证金以外币的形式汇入境外账户，可能是非法公司。

● **远离非法黄金交易活动**：如某公司销售自身的黄金交易软件以及黄金理财产品，自制交易规则，以高收益率吸引顾客，骗取钱财。

● **学习黄金基本常识**：黄金市场风云变幻，不能只看到高收益，还有高风险，在投资之前，适当的常识装备很有必要。

● **黄金产品选择要适合**：不能跟风，觉得哪一类黄金热门就投资哪一类，要从自身的实际出发，如适合实物黄金的人就不要冒险去买纸黄金。

● **资金安全要保障**：因为黄金交易涉及清算与交割，还有保证金的缴纳，所以对于自身的网银账户、保证金账户、会员账号等都要注意安全保障，特别是账号登录以及交易密码，更不要轻易点击陌生汇款。

● **投资态度要理性**：无论是股票还是黄金，不要想着一夜暴富，虽然是短线操作，但是整体来说还是适合长期求稳持有。无论是交易前还是交易中，都要保持理性的头脑，从自身实际出发，谨慎选择。

对于新手来说，如果黄金交易的基础常识还不够稳扎，可以借鉴一些正规平台进行学习，如登录上海黄金交易所官网，了解相关常识。

案例故事

登录上海黄金交易所的官网

　　进入上海黄金交易所的官网首页，可以看到页面主要有产品服务、数据资讯、会员专区、投资者服务等信息，选择自己需要的进行了解。如图 6-1 所示，在"投资者服务"栏目下单击"交易指南"超链接，进行交易常识学习。

图 6-1　登录上海黄金交易所

　　进入交易指南页面，可以看到关于交易入门的相关常识学习，如交易警示和风险控制等，可以根据需要下载，如图 6-2 所示。

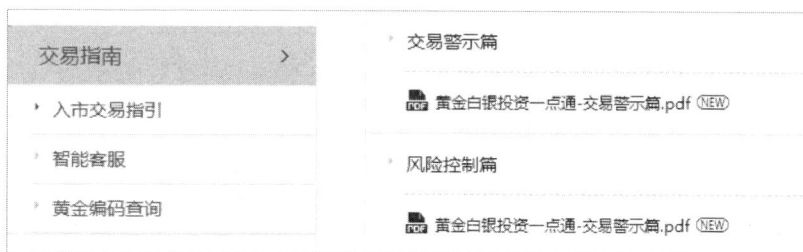

图 6-2　交易入门常识

　　上海黄金交易所如同证券交易所一样，在官网上，不仅能学到相关常识，还能查看相关的产品行情。在数据资讯的栏目下，选择"历史行情数据"

选项，在右侧页面出现每日行情信息，单击想要了解的行情信息超链接，了解 9 月 24 日的最新行情，如图 6-3 所示。

图 6-3　了解行情

在行情信息页面出现主要黄金品种的相关行情信息，以开盘价、收盘价、涨跌幅、成交量等的形式展示，如图 6-4 所示。

合约	开盘价	最高价	最低价	收盘价	涨跌（元）	涨跌幅	成交量
Au99.95	398.00	398.00	393.50	394.00	-6.95	-1.73%	368.00
Au99.99	400.00	401.58	394.00	395.29	-5.38	-1.34%	19 430.26
Au100g	402.00	403.00	395.51	396.87	-4.37	-1.09%	55.80
iAu99.99	403.00	403.00	403.00	403.00	-8.06	-1.96%	0.02
Au(T+D)	400.79	401.85	393.35	395.20	-7.23	-1.80%	60 840.00
Au(T+N1)	408.60	409.00	398.20	402.60	-8.65	-2.10%	36.20
Au(T+N2)	400.50	404.00	395.55	396.75	-8.65	-2.13%	38.60

图 6-4　主要黄金品种行情信息

从图 6-4 的行情中可以看到，所有品种此时处于一种下跌状态，但下跌幅度不大，在 1% ~ 3%，其中 Au（T+D）成交量最大，Au（T+N1）和

Au（T+N2）跌幅度最大。

> **理财贴士** *交易品种及代码*
>
> Au50g 指交割品种为标准重量 0.05 千克、成色不低于 99.99% 的金条。
>
> Au100g 指交割品种为标准重量 0.1 千克、成色不低于 99.99% 的金条。
>
> Au99.99 指交割品种为标准重量 1 千克、成色不低于 99.99% 的金锭。
>
> Au99.95 指交割品种为标准重量 3 千克、成色不低于 99.95% 的金锭。
>
> Au99.5 指交割品种为标准重量 12.5 千克、成色不低于 99.50% 的金锭。
>
> Au（T+D）、Au（T+N1）和 Au（T+N2）：其中 T+D 中的 "T" 是 Trade（交易），"D" 是 Delay（延期）的意思。Au（T+D）表示的是延期交收品种，而 Au（T+N）是 Au（T+D）改良后的新品种。

对于常见黄金品种明细，还可以登录上海黄金交易所的官网在"产品服务 / 询价 / 交易品种列表"中，单击"查看详情"超链接，进行更多明细查询，如图 6-5 所示。

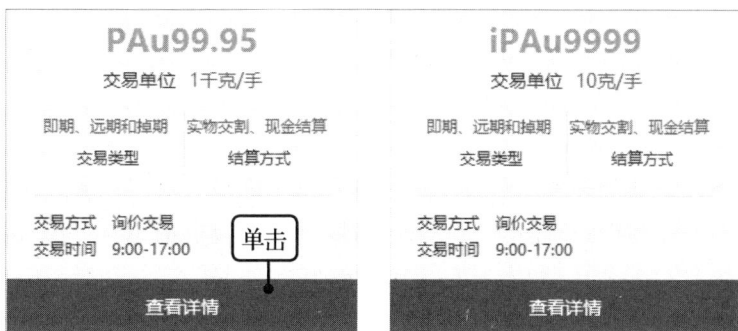

图 6-5　了解产品详情

产品详情主要从交易品种、交易代码、交易方式、交易类型、报价单位、最小单笔成交量、最大单笔成交量、交易时间等方面去说明，如图 6-6 所示。

交易品种	询价Au9995
交易代码	PAu99.95
交易方式	询价交易
交易单位	1千克/手
交易类型	即期、远期和掉期
报价单位	元（人民币）/克
最小变动价位	0.01元/克
最小单笔成交量	1手
最大单笔成交量	5,000手
交易时间	每交易日9:00-17:00

图 6-6　PAu99.95 详情说明

根据图 6-6 可以知道，PAu99.95 产品以 1 千克 / 手为单位进行交易，最低成交 1 手。因为黄金一般是以元 / 克进行报价的，所以交易时系统会进行一定的换算。该产品最终实行实物交割，钱货两讫，交割品种是标准重量 3 千克、成色不低于 99.95％的金锭。

黄金投资作为一种理财工具，即使是实物投资也具有一定的风险。黄金的价格容易受到政治、经济、市场等多方面因素的影响，金价起伏波动也较大。因此在投资时应具有一定的风险意识，投资前需要考虑自身的风险承受能力，并具有一定的承担亏损的能力。

此外，在投资周期上，黄金投资也有短中长之分，和股票一样，很多人会选择短线操作。具体应根据实际来看，看自身经验、技巧、风险能力等是否适合短期投资。黄金投资可用来保值和增值，如果是以长期保值为目的，适合长线持有；如果是想获得短期的买卖差价，可考虑短线。对于新手来说，对金价的变动趋势不易做出判断，可以选择在某个点买入，中长期持有。

在黄金投资交易之前，黄金投资的基础知识的储备是必不可少的，例如，黄金价格的影响因素、交易规则、交易成本、交易时间、资金管理等。这些在前面的知识讲解中，都有详细说明，如果还有不明白的地方，也可以在一些正规的平台进行学习并补充。

在正规的平台除了有文件说明外，还会有一些讲座类说明，例如，在上海黄金交易所，对于交易品种、交易常识、交易规则等，还会有一些基础讲座说明，可以有选择地学习。

③ 白银投资，黄金的好姐妹

我们购买首饰，除了黄金还有白银，白银和黄金一样，除了可以用来装饰，还可以用来投资理财。

黄金和白银都是贵金属的一种，而贵金属主要指金、银和铂族金属（钌、铑、钯、锇、铱、铂）等8种金属元素。常说的贵金属投资一般是指黄金投资和白银投资。

白银的投资和黄金投资一样，包括实物投资和纸白银，黄金的价格比白银的价格波动更大。白银价格相对稳定，白银投资的门槛也比黄金低。对于新手来说，要了解白银市场，可以从白银优势、投资方式、交易时间、交易成本与费用、交易品种、交易所、交易风险、投资注意等多方面去理解，说明如下。

◆ 白银优势

白银能很好地对抗通货膨胀，并且实物白银还能实现保值。白银投资实现的是双向交易，可以买涨还可以买跌，都能在一定程度上盈利。与黄金投资一样，都能实行 T+0 交易，24 小时交易，并且与股票不同，市场比较透明，没有庄家，交易成本也比较低，交易品种简单，操作也比较简单。

◆ 投资方式

白银投资方式包括实物白银、现货白银、白银期货等。白银期货相对复杂，一般不适合新手，在这里重点说明实物白银和现货白银。实物白银主要包括一些普通银币、纪念银币、银条等投资，普通银币主要与国际银价挂钩，而纪念银币主要用于收藏。普通银币价格相对较低，也比较容易购买操作。

银条一般会对个人投资者进行一定的限制，如是否是交易所会员，具体视情况而定。不管是银币还是银条，在各大商业银行和交易所官网都会有详细说明，后面将简单举例。

◆ 交易时间

白银交易市场是全球市场，交易市场分为早盘、中盘、晚盘，以上海黄金交易所开市时间（北京时间）为例：早盘：9:00—11:30；午盘：13:30—15:30；晚盘：20:50—2:30。其中，周一早盘时间会提前 10 分钟，而周五晚上没有晚盘，周末会休市。

◆ 交易成本与费用

在银行的账户贵金属交易没有手续费，包括黄金和白银，只是其中会有点差，例如，人民币账户白银 0.016 元 / 克；美元账户白银 0.1 美元 / 盎司。银价和金价一样，受到国际影响，时时刻刻处于变动中。

◆　交易品种

白银交易品种与黄金交易品种一样具有多种类别，对比说明如表 6-2 所示。

表 6-2　白银品种类别

项　　目	博亚银	白银期货	纸白银	上海 T+D	天通银	伦敦银
报价方式	千克／元	千克／元	克／元	千克／元	千克／元	盎司／美元
交易机制	T+0 双向	T+0 双向	T+0 双向	T+0 双向	T+0 双向	T+0 双向
有价成交	是	否	否	否	是	是
交易合约	15 千克	15 千克	100 克	1000 克	1 千克、15 千克、30 千克	100 盎司
点差	无	无	0.04 元／克	无	8 元／千克	50 美金
投资门槛	低	低	低	低	低	高
风险系数	小	小	小	大	小	大
资金安全度	安全	安全	安全	安全	安全	境外风险

◆　交易所

提供白银投资的交易所有很多，如浙江舟山大宗商品交易所、上海黄金交易所、广州贵金属交易所、天津贵金属交易所、江苏大圆银泰贵金属交易所等。每一个交易所都有其自身的特点，具体选择哪一家，可多家对比选择，如提供交易品种是否丰富、交易成本及手续费的高低、资金安全与否、交易程序简单与否等，择优选择。

◆　交易风险

任何的投资都具有风险，白银投资也如此，白银投资的风险主要有平台选择风险、价格波动风险、资金规划风险、交易心态风险等，所以作为新手一定要学会规避风险，后面会简单说明。

作为新手，如果觉得交易所交易比较复杂，还可以通过各大银行的官方网站进行交易，以中国工商银行为例。

案例故事

在中国工商银行官网购买白银

进入中国工商银行官网首页，①在页面上方导航栏中单击"投资理财"选项卡，可以看到银行提供的各种理财产品，包括贵金属、基金、债券等。②单击"行情报价"超链接，如图 6-7 所示，了解一下当前银价行情。

图 6-7　单击"行情报价"超链接

贵金属的行情报价，主要从产品的品种、涨跌、银行买入价、银行卖出价、中间价、当日涨跌等去说明。如图 6-8 所示，人民币账户黄金和美元账户黄金此时处于一种下跌状态；人民币账户白银和美元账户白银此时整体处于一种上涨的状态；铂金和钯金，两者的人民币账户和美元账户，此时一个处于下跌状态，一个处于上涨的状态。

无论是黄金还是白银或铂金，其价格时时刻刻处于变化中，一时的行情并不能代表一天的行情。所以此刻上涨，可能下一刻就处于下跌状态，需要综合判断什么时候购买最合适。和股票一样，最理想的状态是，是分析行情后，在近月或近日的价格较低点购入。

单击页面左侧的"交易规则"选项，如图 6-8 所示。

品种	涨跌	银行买入价	银行卖出价	中间价	当日涨跌值	当日涨跌幅	当年涨跌幅	操作
人民币账户黄金	↓	405.40	406.30	405.85	-2.85	-0.70%	+19.12%	交易
人民币账户白银	↑	4.962	4.992	4.977	-0.046	-0.92%	+24.21%	交易
人民币账户铂金	↓	185.07	188.87	186.97	0.00	0.00%	-14.29%	交易
人民币账户钯金	↓	481.83	496.08	487.83	+0.14	+0.03%	+13.14%	交易
美元账户黄金	↓	1849.9450	1853.1850	1851.5650	-11.3350	-0.61%	+21.66%	交易
美元账户白银	↑	22.6290	22.7790	22.7040	-0.1920	-0.84%	+26.83%	交易
美元账户铂金	↑	844.5000	861.5000	853.0000	+0.7945	+0.09%	-12.45%	交易
美元账户钯金	↑	2197.5950	2263.5950	2225.5950	+2.6660	+0.12%	+15.56%	交易

图 6-8 了解产品行情

进入如图 6-9 所示的页面，可以查看该银行账户贵金属的交易规则有哪些。

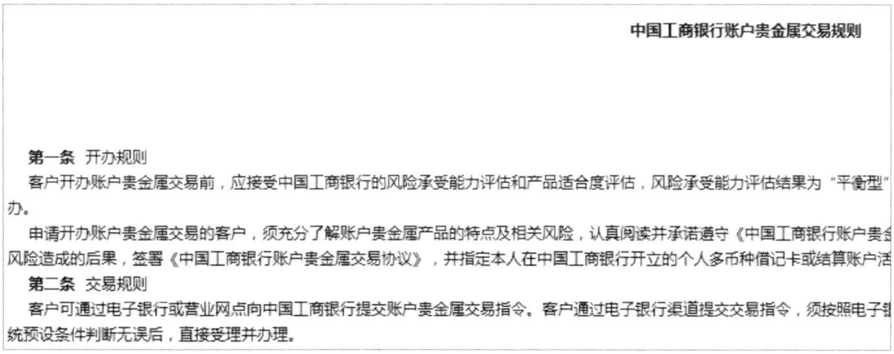

中国工商银行账户贵金属交易规则

第一条 开办规则
客户开办账户贵金属交易前，应接受中国工商银行的风险承受能力评估和产品适合度评估，风险承受能力评估结果为"平衡型"办。
申请开办账户贵金属交易的客户，须充分了解账户贵金属产品的特点及相关风险，认真阅读并承诺遵守《中国工商银行账户贵金风险造成的后果，签署《中国工商银行账户贵金属交易协议》，并指定本人在中国工商银行开立的个人多币种借记卡或结算账户活
第二条 交易规则
客户可通过电子银行或营业网点向中国工商银行提交账户贵金属交易指令。客户通过电子银行渠道提交交易指令，须按照电子银统预设条件判断无误后，直接受理并办理。

图 6-9 交易规则

如图 6-9 所示，交易规则主要包括开办规则、交易规则、结算规则、注销规则等。开办规则是指哪些人可以申请开办账户贵金属交易；交易规

则体现为先买入后卖出交易或者先卖出后买入交易的规则；结算规则包括业务成交后结算或者业务停办后结算的规则；注销规则包括账户注销和业务注销的规则。个人在购买前，应仔细阅读相关规则，这里只作了部分展示，具体可在相关页面仔细阅读。

在购买之前，除了了解产品和交易规则之外，还需要签署相关交易协议。在图 6-8 中，单击左侧"交易协议"选项，可了解相关协议，如图 6-10 所示。甲方是个人投资者，乙方是银行。首先，一定要明确个人投资者具有的权利和义务，如甲方权利有两条。关注更多的是自己需要履行的义务，如符合相关风险等级要求、愿意且有能力承担相应的风险、遵守办理程序规定等。详情还可以在相关页面进行查看，这里只作了部分展示。对不明白的地方还可以咨询银行客服人员。

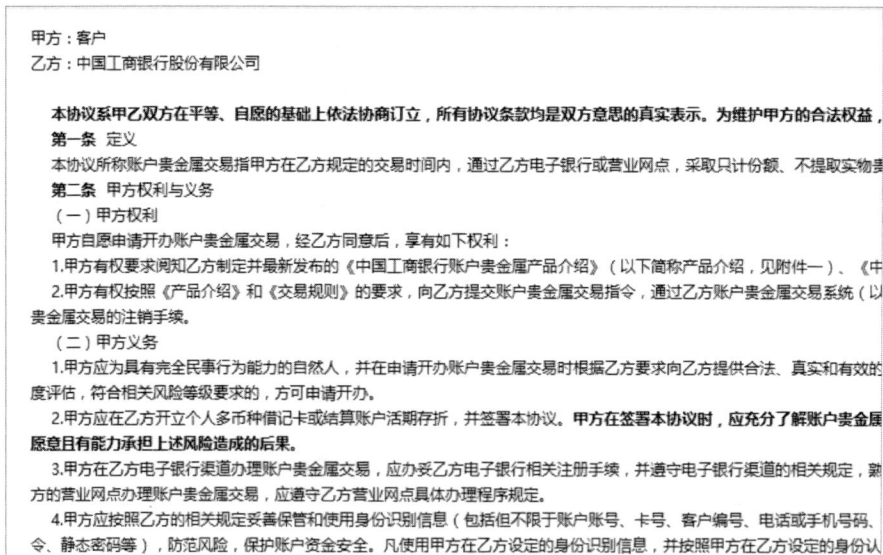

甲方：客户
乙方：中国工商银行股份有限公司

本协议系甲乙双方在平等、自愿的基础上依法协商订立，所有协议条款均是双方意思的真实表示。为维护甲方的合法权益，
第一条 定义
本协议所称账户贵金属交易指甲方在乙方规定的交易时间内，通过乙方电子银行或营业网点，采取只计份额、不提取实物贵
第二条 甲方权利与义务
（一）甲方权利
甲方自愿申请开办账户贵金属交易，经乙方同意后，享有如下权利：
1.甲方有权要求阅知乙方制定并最新发布的《中国工商银行账户贵金属产品介绍》（以下简称产品介绍，见附件一）、《中
2.甲方有权按照《产品介绍》和《交易规则》的要求，向乙方提交账户贵金属交易指令，通过乙方账户贵金属交易系统（以
贵金属交易的注销手续。
（二）甲方义务
1.甲方应为具有完全民事行为能力的自然人，并在申请开办账户贵金属交易时根据乙方要求向乙方提供合法、真实和有效的
度评估，符合相关风险等级要求的，方可申请开办。
2.甲方应在乙方开立个人多币种借记卡或结算账户活期存折，并签署本协议。**甲方在签署本协议时，应充分了解账户贵金属**
愿且有能力承担上述风险造成的后果。
3.甲方在乙方电子银行渠道办理账户贵金属交易，应办妥乙方电子银行相关注册手续，并遵守电子银行渠道的相关规定，熟
方的营业网点办理账户贵金属交易，应遵守乙方营业网点具体办理程序规定。
4.甲方应按照乙方的相关规定妥善保管和使用身份识别信息（包括但不限于账户账号、卡号、客户编号、电话或手机号码、
令、静态密码等），防范风险，保护账户资金安全。凡使用甲方在乙方设定的身份识别信息，并按照甲方在乙方设定的身份认

图 6-10　甲方的权利与义务

对于乙方银行的权利义务也要仔细阅读，因为这和投资者能否完成交易并获得收益息息相关，特别要注意在哪些情形下，乙方未执行甲方的交

易指令，乙方不需要承担的相应责任，如图 6-11 所示的总计 7 种情形。

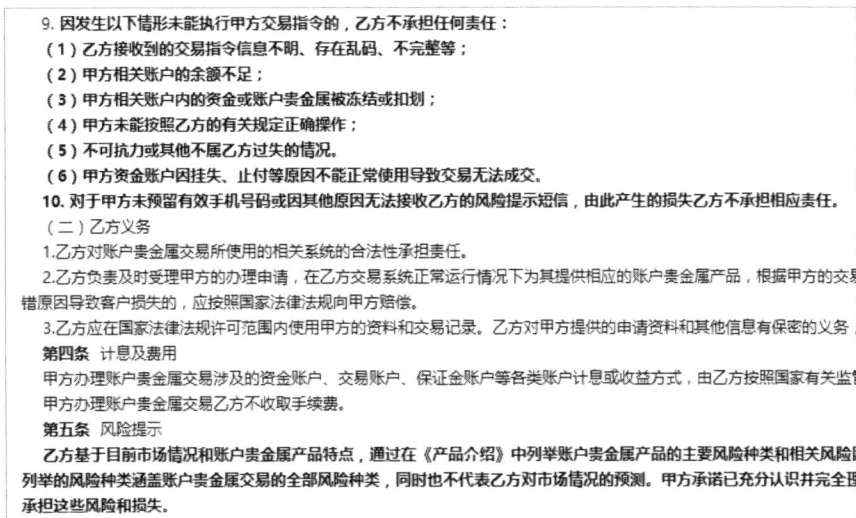

9. 因发生以下情形未能执行甲方交易指令的，乙方不承担任何责任：
（1）乙方接收到的交易指令信息不明、存在乱码、不完整等；
（2）甲方相关账户的余额不足；
（3）甲方相关账户内的资金或账户贵金属被冻结或扣划；
（4）甲方未能按照乙方的有关规定正确操作；
（5）不可抗力或其他不属乙方过失的情况；
（6）甲方资金账户因挂失、止付等原因不能正常使用导致交易无法成交。
10. 对于甲方未预留有效手机号码或因其他原因无法接收乙方的风险提示短信，由此产生的损失乙方不承担相应责任。
（二）乙方义务
1. 乙方对账户贵金属交易所使用的相关系统的合法性承担责任。
2. 乙方负责及时受理甲方的办理申请，在乙方交易系统正常运行情况下为其提供相应的账户贵金属产品，根据甲方的交易
错原因导致客户损失的，应按照国家法律法规向甲方赔偿。
3. 乙方应在国家法律法规许可范围内使用甲方的资料和交易记录。乙方对甲方提供的申请资料和其他信息有保密的义务。
第四条　计息及费用
甲方办理账户贵金属交易涉及的资金账户、交易账户、保证金账户等各类账户计息或收益方式，由乙方按照国家有关监管
甲方办理账户贵金属交易乙方不收取手续费。
第五条　风险提示
乙方基于目前市场情况和账户贵金属产品特点，通过在《产品介绍》中列举账户贵金属产品的主要风险种类和相关风险。
列举的风险种类涵盖账户贵金属交易的全部风险种类，同时也不代表乙方对市场情况的预测。甲方承诺已充分认识并完全
承担这些风险和损失。

图 6-11　乙方的权利与义务

此外对于乙方必须履行的义务、交易的费用和利息、交易风险等，一般会在交易协议中展示，例如，乙方必须履行三条义务、乙方对于交易不收取相应的手续费、乙方需要在产品介绍时进行风险提示等。

如果对于产品风险、产品交易规则、产品的双方交易协议都没有任何问题，并且当前的某个点是购买时机，可以在图 6-8 的页面中，单击"交易"选项进行购买，如果时机不对，可以再观望一下。

作为新手，白银投资可以从如下几方面去考虑。

①熟悉交易规则，白银和黄金市场的交易比较灵活，掌握一定的交易规则有助于我们更好地把握投资时机，选择更适合的投资产品。

②新手比较适合做一些短线交易，可以作为初入市场的磨炼。

③设置止损点，在规避风险的同时适当盈利，止损点的设置因人而异，

根据自身风险承受能力来设置，重点是保本。

④股票、黄金、白银等都会涉及建仓的说法，所以控制持仓的比例很重要。例如，贵金属账户 2 万元的本金，是否全部购买黄金或者白银，还是组合投资？新手不建议全部投资，避免出现因个人决策失误，带来的本金与收益损失，同时也降低市场和投资风险。

⑤关注行情变化，特别是影响银价变化的因素，如市场、政策、国际因素等，关注不管是国内还是国外的财经新闻都很重要。

⑥选择正规的交易平台，现在金融市场出现的骗局，不少出现在交易平台上，所以选择正规合法的交易平台，交易才能有保障。

白银投资和黄金、股票一样，高盈利也是高风险，所以交易不能盲目，储备交易知识、遵守交易规则、总结交易技巧、选择交易时机，选择一款适合自己的投资品种才是王道。

④ 时间成本省一省，理财顾问来报到

随着个人财富的不断增加，人们的理财需求也会不断提高，专业的理财顾问就此诞生。理财顾问的存在就像常见的会计师、心理师、律师等，他们通过自身的专业知识、专业能力、专业技巧等为我们提供各种专业服务。对理财新手来说，可以通过理财顾问节省成本，选择适合自身的理财产品，更重要的是不容易亏本。当然前提是你选择的理财顾问够专业。那么该如何选择理财顾问呢？选择理财顾问的费用怎么算呢？

案例故事

新手的理财规划师

张先生在一家金融公司任职，工作是根据客户要求，给客户量身制订一些理财计划，平时也会开立自己的讲座与专栏。最近在一次线上直播课后，有同学（刘女士）提问，可不可以给她制订一份理财计划，因为她不想再做月光族了。他看到后，给这位女士作了理财规划。

首先，了解基本信息，通过沟通他了解到，刘女士工作两年，税后收入5 000元，目前存款5 000元，每月房租、水电费、生活费等总计在4 000～5 000元，偶尔月光，现在主要的理财方式是零钱通和余额宝。

其次，现状分析。刘女士和很多初入职场的新人一样，存款不多、花销不少，每月工资都消费得差不多了，但是她还有一点理财意识，知道通过零钱通和余额宝来理财。

再次，明确理财目标。该同学的理财目标是希望明年能存款2万元。

最后，张先生给出了相应的理财建议。

首先，因为刘女士收入不高，但是每月消费比例较大，所以应该适当地控制每月的消费，开源节流，积累财富。每月的房租水电费比较固定，最需要控制的是每月的生活消费，特别是衣服、包包、鞋子等消费，重质不重量，一定要适度。

其次，准备个人紧急备用金，用来应对突发的紧急状况，一般准备3～6个月的生活支出额。这笔资金不用存为定期，用来购买货币基金或选择基金定投等流动性较好的理财工具即可。

再次，强制储蓄，当工资到手，在消费之前，先强制储蓄，一些理财工具是可以选择每月固定工资转入的，前提是留下必要的生活开支，可以帮助刘女士避免出现月光的局面。

然后，刘女士需要记账，对于每天的收入和支出记录，通过一些常用的记账App来实现，如随手记。

最后，选择适合的理财工具，刘女士说自己是属于偏保守稳健型的理财者，但是她对于股市很好奇，因为朋友都在炒股。然而张先生建议她不要炒股，因为她没有任何常识和经验，并且风险承受能力较低。张先生建议她选择的理财工具是每月基金定投，如每月定投 500 元或者 1 000 元，不仅能获得一定的收益，而且风险较低，同时还可以抑制消费。

刘女士最终采纳了张先生的建议，一次性购买了 A 基金 1 000 元，此后每月定投 500 元。最近她购买的基金收益也在上涨，而她将每月的消费控制在 3 000 元，每月除了基金定投外，还能有 1 000 元的结余，她想明年实现 2 万元的存款不是梦。

如上例的理财规划师，也叫理财顾问，就是相对靠谱的，一个靠谱的理财规划师具有专业性强、收益合理、目标明确、分析全面等能力，说明如下。

◆ 专业性强

所谓术业有专攻，理财顾问一定是专业的，主要体现在对于各种投资理财工具专业度的把握上，包括理财市场、理财产品、理财风险等的专业度。向客户推荐的每一种产品都有专业意见，例如，产品投资收益、投资风险、交易费用、最低最高持有额、产品运作等，一个合格并专业的理财顾问都能详细解答你的提问并解释相关的产品条款。

◆ 收益合理

收益合理主要体现在产品预期收益的说明上，现在理财市场的产品，大多数以预期收益来吸引投资者，但并不代表实际收益。实际收益可能高于预期收益也可能低于预期收益。如果理财顾问推荐的产品收益在 20% 以上，甚至高达 35%，一定要小心：该产品并不一定适合你，并且可能存在亏本风险。毕竟高收益高风险，具体还要看产品品牌、规模、监管机构等。

◆ 明确目标

一流的理财顾问，都不会先问你要投资多少钱，他们会先问你有什么需求，这个需求就是你的理财目标。当然，不同的家庭所处的阶段是不一样的，需要不断进行调整。如果你无法明确，可以请理财顾问帮你分析一下现在所处的阶段最迫切的需求，并据此制订相应的理财计划。

◆　分析全面

在最终给出理财建议之前，理财顾问需要了解你的基本财务情况，包括收入、支出、资产、负债等，同时明确你的理财目标和风险承受能力。在综合分析的基础上，给出短期、中期、长期的理财建议。这样会避免给你推荐的理财产品是盲目的，如上例的张先生，在给刘女士的建议之前，先和她沟通了基本的财务信息，明确了她的理财目标和风险承受能力，最后才给出了投资建议。

如果一位理财顾问，一上来就给你推荐某产品，起点多少，收益如何，而没有询问你的需求，更没有告知风险，那么你可能遇见的是产品销售而非理财顾问。最后，理财顾问是不会收取服务费的，除非特别专业的投资顾问给你做一对一的理财规划，而这适用家庭财富较多的家庭。

⑤ 选择一家好银行，开启理财之路

对于新手理财者来说，由于理财常识、理财经验、理财技巧等的缺乏，选择一个好的理财平台很重要。而理财平台是否靠谱也很关键，银行一直被公认为是一个非常安全可靠的理财平台，特别是近年来随着银行业务的不断发展，给投资者提供的理财产品也越来越多。现实是现在银行很多，到底选择哪一家才好呢？

银行分为中央银行、商业银行、投资银行、政策性银行和世界银行。常用到的是商业银行，如工商银行、建设银行、中国银行等。商业银行早期主要提供存款、贷款、汇兑、储蓄等业务。现在很多商业银行都推出了"一站式金融服务"，来满足消费者的各种金融需求。

如何选择一家适合自身的银行，可以从如下 5 方面考虑。

◆ 明确自身需求

不同的银行，具有不同的优势，并提供不同的服务。在选择银行之前，首先明确自身需求，如你的需求是储蓄还是海外理财。如果是储蓄你可以选择一家利息相对较高的银行；如果是希望海外理财，那么可以选择一家海外服务能力较好的银行。

◆ 银行网点适合

虽然现在很多理财产品可以通过网上购买，但是有些服务还是需要去银行柜台办理的。比如，第一次购买有些理财产品需要去银行的柜台进行风险测试，否则网上也无法购买。此时选择一个离自己公司或者家较近的网点就比较适合。

◆ 电子银行安全

无论是否通过网络银行理财，一个银行是否拥有一套成熟、安全的网上银行系统很关键，它可以很好地保障我们的账户以及本金安全。

◆ 是否提供微信银行服务

现在一些银行已开通微信银行服务，消费者只要通过微信扫描银行的相应二维码就可使用微信银行，能够获得人工咨询、自助查询和资讯获取等服务。

◆ 看银行的理财产品

现在银行提供的理财产品分为自营和代销。一般自营更多，各家银行推出的理财产品大同小异，在选择时从自身风险偏好、产品类型、产品收益、产品流动性、产品风险等多方面考虑。

很多理财产品在购买前，都需要做相应的风险测试，银行理财产品也如此。银行根据客户的测试，将客户的风险偏好分为五个等级：保守型、稳健型、平衡型、积极型、激进型。这些风险偏好将决定你是否适合购买该类产品。

并不是所有的理财产品都是保本和固定收益的，一般可以分为三类：保本固定收益型、保本浮动收益型、非保本浮动收益型。对于新手来说，前两种比较适合，但具体还是要根据自身需求和风险做出判断。

银行理财产品的收益，除了固定收益类，一般都是以预期收益的形式展现，具体实际收益还是要看投资品种、运作情况以及风险高低等。通常投资于股票、外汇、基金等的理财产品的收益率相对较高，但同样风险也较大。

产品流动性主要和产品的持有期限相关，此时需要关注产品的募集期和投资期限。在募集期产品是没有收益的，产品按照银行活期利率计息。建议新手不要选择募集期较长的银行理财产品。投资期限最短 1 个月，最长 5 年，一般投资期限越短，产品流动性越强。

产品风险包括政策风险、市场风险、流动性风险、产品不成立风险、提前终止风险等，如图 6-12 所示。

本产品类型是"封闭式净值型理财产品"，根据法律法规及监管规定的有关要求，特向您提示如：与银行存款比较，本产品存在投资风险，您的本金和收益可能会因市场变动等原因而蒙受损失，您应充分认识投资风险，谨慎投资。本理财产品可能面临的风险主要包括：

（一）政策风险：本产品在实际运作过程中，如遇到国家宏观政策和相关法律法规发生变化，影响本产品的发行、投资和兑付等，可能影响本产品的投资运作和收益，甚至本金损失。

（二）信用风险：客户面临所投资的资产或资产组合涉及的融资人和债券发行人的信用违约。若现上述情况，客户将面临本金和收益遭受损失的风险。

（三）市场风险：本产品在实际运作过程中，由于市场的变化会造成本产品投资的资产价格发生动，从而影响本产品的收益，客户面临本金和收益遭受损失的风险。

（四）流动性风险：除本说明书另有约定的客户可提前赎回的情形外，客户不得在产品封闭期内前终止、赎回本产品，面临需要资金而不能变现的风险或丧失其它投资机会。

（五）产品不成立风险：如果因募集规模低于说明书约定的最低规模或其他因素导致本产品不能立的情形，客户将面临再投资风险。

（六）提前终止风险：为保护客户利益，在本产品存续期间工银理财有限责任公司可根据市场变情况以及法律法规、监管政策变化情况提前终止本产品。客户可能面临不能按预期期限取得业绩较基准的风险以及再投资风险。

图 6-12　产品风险

　　无论哪一家银行的理财产品，对于新手来说，比较适合 R1 和 R2 级的银行自营理财产品，风险相对较低。从投资期限上来说，可以选择 1 ~ 6 个月的银行理财产品，在购买前一定要仔细阅读相关产品说明书，每一个条款都要仔细阅读。

第 7 章

提高财商是王道

从心理学上来说，人们的智商相差不大，但为什么这个世界有的人富有，有的人贫穷呢？

财商是近年来在情商之外，常被提起的一个新兴词汇，指个人、集体认识、创造和管理财富的能力。财商和情商一样，都是可以通过后天培养不断提高的，财商高低将直接决定能否将手中的资金进行最好的资源配置，完成个人或家庭的财富积累。

所以，无论是对于家庭还是个人，提高财商很重要。

①
财商是什么，后天怎么养

财商（Financial Intelligence Quotient），即金融智商，是与智商、情商并列的现代社会能力，本质是一个人与财富打交道的能力，包括观念、知识、行为三个方面。

财商不只是一些呆板的系统知识，更是一种思维模式，一种行动能力。通过对财商的养育，可以帮助个人或家庭树立正确的金钱观、价值观和人生观。

财商高还是低，小测试了解一下。

案例故事

测试你的财商指数

1.下列那件事会让你最开心：

A.你在某类竞赛中赢了1万元（3分）

B.买彩票中了1万元（2分）

C.获得投资收益1万元（4分）

D.任何上述一项，都很高兴，无论任何渠道（1分）

2.你进行了某项投资，在一个月后跌去了10%的总价值。假设该投资的其他任何基本面要素没有改变，你会：

A.继续持有，坐等回升（1分）

B.抛出去，免得亏本更多（2分）

C. 再买入一笔，现在购买价格较低，并且预期走势会好（3 分）

3. 在一个模拟交易中给你如下选项。你会选：

A. 100% 的机会获得 100 元现钞（1 分）

B. 50% 的机会获得 500 元（2 分）

C. 10% 的机会获得 1 000 元（3 分）

D. 5% 的机会获得 2 000 元（4 分）

4. 如果你打算购买一台计算机，销售人员告诉你，如果你购买展示台的计算机，可以 9 折优惠；如果购买仓库全新的计算机，则没有任何折扣，你会选择：

A. 全新的计算机（3 分）

B. 9 折优惠计算机（4 分）

5. 以下 4 个投资选择，你最喜欢：

A. 最好的情况下会赚取 100 元；最差的情况下损失 0 元（1 分）

B. 最好的情况下会赚取 500 元；最差的情况下损失 100 元（2 分）

C. 最好的情况下会赚取 1 000 元；最差的情况下损失 200 元（3 分）

D. 最好的情况下会赚取 2 000 元；最差的情况下损失 1 000 元（4 分）

6. 如果你在模拟交易中，已经亏本 200 元。你准备的翻本钱是：

A. 放弃（1 分）

B. 40 元（1 分）

C. 100 元（2 分）

D. 200 元（3 分）

E. 大于 200 元（4 分）

7. 假设父母给你 10 万元作为本金，但你必须选择如下任意一项进行投资，你会选择哪一项：

A. 储蓄或货币市场基金（2 分）

B. 股票和债券基金（4 分）

C. 股票投资组合（3分）

D. 外汇、黄金、白银（1分）

8. 如果你有1万元的本金，现在有高风险投资（期货和期权）、中风险投资（股票和股票基金）、低风险投资（债券和债券基金），你会选择哪一个投资组合？

A. 低风险占70%，中风险占25%，高风险占5%（2分）

B. 低风险占60%，中风险占30%，高风险占10%（3分）

C. 低风险占20%，中风险占50%，高风险占30%（4分）

9. 假设你选择了相应的理财工具，如债券、股票、基金等。当它们的行情看涨时，你手中又无多余的资金，你会通过借款来追加投资吗？

A. 是（4分）

B. 可能（3分）

C. 不会（2分）

10. 假设你所在的公司计划在两年后上市，现在正在向员工出售股票，股票没有分红，但是公司一旦上市，股票会将以你购买的10～20倍的价格进行交易，你会投资多少本金？

A. 放弃购买（1分）

B. 1个月的薪酬（2分）

C. 3个月的薪酬（3分）

D. 6个月的薪酬（4分）

最后，根据选择每一项后面的分值计算，如果分数在30～40分，则对应的财商指数值在90%左右，说明你不仅智商很高，理财技能也很强。而且如果有最佳的投资时机，一定能很好地完成财富积累甚至传承。

如果总计分数在25～29分，则对应的财商指数值在60%左右，你的风险偏好较高，在某种程度上，冒险精神能帮助你快速积累财富，但也希望你在冒险时控制风险，同时控制自己的消费欲望。

如果分数在 20 ~ 24 分，财商指数值在 40% 左右，说明你在理财上比较偏爱保守稳健，选择一些低风险的理财投资比较适合。

如果分数在 10 ~ 19 分，财商指数值在 20% 左右，你比较偏向在自己的工作能力内理性投资，建议尝试一些新的理财方式，找到适合自己的理财品种。

财商是一个人在财务方面的智力，是理财的智慧，财商是除智商、情商外，一个人特别需要的能力，也是容易被忽略的能力。

财商可以通过后天的训练不断提高，提高财商能很好地改善你的财务状况，实现各阶段的理财目标。

那么，如何提高自己的财商呢？可以从观念、行为、知识上去改变，说明如下。

◆　树立正确的理财观

理财的目的是改善家庭或个人的财务状况，实现资产的保值和增值，但不是实现一夜暴富，树立正确的理财观念很重要。在第一章有详细讨论过，正确的理财观贯穿我们整个理财过程，也影响着我们的一生。

◆　家庭勤记账

随着二维码支付的广泛使用，个人或者家庭常出现每月过度消费的情况。为了改善这种状况，家庭可以勤记账，清晰每日、每周、每月的收支，并做出一定的预算，最终实现合理消费。

◆　适当的理财投资

现在物价上涨通货膨胀，单纯的储蓄已经有些不适合了。合理进行理财投资，资产才能保值或者增值，否则容易缩水。现在市场上理财产品很多，风险高低也不同，因此，从家庭财务状况、风险承受能力、财务预算等因素出发，综合分析后，选择适合自己的理财产品。

◆ 配置家庭保险

保险是家庭未来生活的另一种保障，是家庭理财的重要构成，给家庭配置适当的保险很重要，"毕竟谁也不知道，明天与意外谁先来临"，但是至少我们可以提前规划，为未来的可能给家庭带来影响的一些意外买单。

◆ 学习理财知识

不管是理财市场还是理财产品都是不断变化的，我们的理财需求也是不断变化的，5 年前可能只想买一辆车，5 年后可能想买一套房。钱从哪里来，除了工资就是理财收益，而理财收益的获得离不开理财常识、理财经验、理财技巧，这些都需要我们不断学习总结和实践。

◆ 借助外援

除了通过自己学习看书及不断实践，提高自身财商，还可以借助一些外援，例如，上财商课、与成功人士交流、与理财顾问沟通等。通过这些外援，不仅能学到相关理财知识及理财技巧，更可能帮助我们的财富思维、理财思维、产品思维转变与改善，最终提高我们的财商。

财商的重要组成是观念、行为、知识，要提高个人财商就需要从这些方面去努力，提高财商的途径有很多，没有最好，适合自己最重要。

❷ 理财意识，从娃娃抓起

理财不只是大人的事，一个孩子如果从小就有了正确的钱财观念，那么在以后的人生道路上，就会比别人在这方面先走一步，在财商上也会更高一些，也更有利于养成端正的家庭观。

那么，在什么年纪培养孩子的理财意识最好呢？又该从哪些方面去培养呢？

①理财意识，一般没有固定的年纪，毕竟生活中理财无处不在，但普遍认为早好，父母们可以通过自身的行为去影响孩子，就像孩子的情商和智商开发一样，言传身教。父母是最好的老师。

②树立孩子正确的金钱观，教会孩子认识货币面额，如1元、5元、10元，并且对应相应的购买物，如 10 元可以买几个冰激凌，1 小时 300 元钢琴课可以买多少冰激凌，如果不好好学习，要浪费多少冰激凌。

③与孩子约定零花钱协议，例如，每周或者每月固定发放多少钱。又如，因特殊情况，本周或者本月超支，家长不会再额外补充，但是孩子可以通过劳动或者透支一部分下个月的金额，但是 1 年只能超支 1 次。

④鼓励孩子养成记账的习惯，无论是通过劳动获得的奖励还是固定的零花钱，鼓励孩子每一笔都进行记账。到月末的时候，可以帮孩子分析本月收支情况，告诉孩子哪些是非必要花费，并做好下个月规划。

⑤引导孩子压岁钱理财，随着社会的发展，一般孩子每年都会有一笔压岁钱。对于这笔压岁钱，父母可以告诉孩子用来理财，比如，带孩子去银行储蓄，让孩子体验积少成多的乐趣。甚至当孩子达到一定年龄，可以带着孩子做一些投资模拟游戏或直接参与投资，积累理财经验。

⑥父母需要树立正确的金钱观、理财观、消费观，父母的行为和观念会在无形中对孩子带来巨大影响。要想让孩子将来达到自己的期待，首先家长需要以身作则，特别是家长的消费观。比如，无计划地用二维码或信用卡买买买本身就不对，要是当着孩子的面就更错。

⑦培养孩子正确的三观，可以引导孩子手里的零花钱除了每月或者每周计划性消费外，还可以有其他用途。比如，给家里长辈购买生日礼物、在特定的节日给爸爸或者妈妈购买礼物、给灾区或者贫困儿童捐款等。金额大小，礼物贵不贵等都不重要，重要的是培养孩子正确的人生观、价值观、世界观，帮助孩子身心健康成长。

⑧让孩子知道家庭财务状况。很多父母不会告诉孩子家庭的经济状况，这在孩子成长中是有问题的。所以，平时与孩子多沟通一些家庭的财务状况，告诉孩子哪些可以买，哪些不能买，培养孩子共享与责任分担意识。

⑨不要在孩子面前因为金钱总争吵，争吵不当着孩子的面进行。老因为金钱争吵，在孩子还不能正确明白是非之前，容易让孩子在以后无法树立正确的金钱观，是不利于孩子成长的。

上述是一些常见的方法，在生活中父母们可以根据自身的经验，不断总结学习，找到适合自己孩子的一些培养方法，不管是从教育还是理财意识方面着手，方法有很多，适合最重要。

父母的理财意识、观念、方法也是需要和孩子一起成长的，和孩子们一起形成正确的金钱观、价值观、消费观，为以后孩子进入社会打下基础。同时我们也不要小看孩子，现在的孩子都很聪明，已经懂得很多的道理。培养孩子从小做起，从小培养孩子的开源节流意识、勤俭持家的中华美德、努力向上的拼搏精神。

③ 全职妈妈的理财之道，简单聊一聊

随着孩子的到来，为了孩子能更好地成长，有一部分优秀的女性会选择暂时退出职场，回归家庭，成为全职妈妈。那么全职妈妈还需不需要理财呢？理财都有哪些门道呢？

案例故事

全职妈妈如何理财

张女士今年 30 岁，全职在家两年，有一个两岁的宝宝，丈夫在一家企业做市场经理，年收入约 20 万元，一套住房市值 200 万元，车 15 万元，目前家庭存款 20 万元，家庭每月消费 1.5 万元，主要花费是宝宝奶粉、早教、房贷、旅游等支出。

在一次朋友聚会时，得知大家都在投资理财，于是她也打算做一些简单的理财。回家后，她咨询了做理财顾问的朋友刘女士，朋友针对她的情况，给她做了简单的理财规划。

首先，针对张女士的家庭基本财务状况，进行了简单的分析。刘女士的家庭正处于理财起步期，此时家庭的消费也高，现在家庭的主要收入来源于张女士的丈夫，在不考虑其他因素情况下，年收入 20 万元，消费 18 万元左右，结余 2 万元。每月结余约 1 666.67 元。未来随着宝宝年龄的增加，每年教育费用增加约 2 万元。当前金融资产 20 万元的存款，固定资产及耐用品 215 万元（房子 + 车）。

可以看到，家庭每月的结余不多，如果遇到丈夫失业或者孩子生病，家庭容易出现收入紧张的状况，影响家庭的日常生活；家庭理财配置单一，只有简单的储蓄 20 万元。

其次，明确张女士的理财目标，张女士的理财目标主要有储蓄 20 万元

如何抵抗通货膨胀，即如何不让它变得未来几年不值钱；先生想在明年换一辆30万元的车，按照目前的收入如何规划；作为全职妈妈，如何给家庭增加收入，减轻丈夫的压力。

再次，了解张女士的风险承受能力，测试显示张女士的风险承受能力为保守、稳健型。

然后，刘女士给出了相应的理财建议，如下所示。

①投资组合类理财产品，如固定收益类投资60%（债券与基金）、现金资产类30%（储蓄与货币基金）、权益类10%（股票或者股票基金）。所以张女士可以将储蓄的20万元，重新进行资产配置。

②对于丈夫的新车需求，可以考虑将当前的车进行折旧卖出，在获得现金后，采用分期购买的方式，每月按期还款。但还是建议考虑换车是否是必须，因为换车后，无论是新车按揭、日常消费、平时保养等费用都在增加，对于家庭来说，增加的是负债。

③对于张女士来说，每月结余不多的资金，可以考虑做一些低风险并且流动性较好的投资。例如，很适合新手的基金定投，第一次定投1 000元，以后每月定投500元，理财方式简单，但是收益又高于同期的银行利息，同时还可以每天赚取一点零花钱。

最后，张女士接受了刘女士的一部分建议：定期储蓄还未到期，暂时还不动；对于每月的结余，她在手机上购买了某只基金，每月定投500元；对于换车计划，她和丈夫还在考虑中。

很多的全职妈妈都在研究理财，渴望增加家庭收入，但很多妈妈只是将手里的余钱存到了银行，因为觉得理财太复杂了，而且她们也没那么多理财时间。

全职妈妈如何理财，常见方法如下。

◆ 家庭记账

作为全职妈妈，家庭的消费比较琐碎，可以通过记账的方式，做好收入与支出记录，对家庭的财务状况有基本的了解。

◆　明确家庭理财目标

像做职业规划一样去做家庭的理财目标，例如，短期的理财目标，实现季度结余 3 000 元；中期目标如买房或者代步车；长期目标如子女教育、养老金、商业保险等。

无论是中期还是长期，在同一个时期内，还可以对不同的目标进行分级，如哪些目标是迫切的、哪些目标可以缓一缓、哪些目标是非必要等。

◆　准备家庭备用金

家庭的备用金是为了应对家庭的紧急突发事件，一般需要准备 3 ～ 6 个月的固定开支的金额。这笔资金不一定是储蓄，还可以是货币基金。无论是哪一种，主要保障投资具有很高的流动性，方便随时支取。

◆　学习理财知识

全职妈妈的一言一行，对于孩子来说都是言传身教，所以妈妈的理财观很重要。为了孩子的成长，妈妈们都需要树立正确的理财观，通过理财知识的学习，能更好地拥有理财理念、理财技巧、理财目标等。

◆　选择理财品种

全职妈妈家庭的收入方式不多，建议将家庭每月收入的 5% ～ 10% 用于一些理财投资。理财的品种，根据理财目标、风险承受能力、理财技巧等，选择的品种也不同，常见的投资品种如债券、股票、基金。作为低风险保守型的全职妈妈们，可以选择风险较低的基金入手，如基金定投，基金定投的收益相对稳健，而且在某种程度上还可以抑制消费，且投资方式比较简单，投资门槛也不高。

◆　配置家庭保险

全职妈妈的家庭，家庭收入主要在于丈夫，丈夫是家庭的主要收入来源，因此除了基本的社保之外，还可以给丈夫和自己配置一些重大疾病保险，给孩子配置一份教育险。在家庭资金结余的情况下，还可以考虑一些养老保险，如分红险。

◆ 全家理财

全职妈妈们除了自身理财外，还可以动员全家一起理财，如鼓励先生参与理财或者带着孩子将零花钱用于理财。选择合适的理财品种，将家庭的闲置资金动用起来，早日实现家庭的理财目标。

作为全职妈妈，学习理财和教养孩子一样很重要，两者相辅相成。全职妈妈们学会理财，可以提高家庭的生活品质，减轻家庭的经济负担，获得生活与未来的双赢。

④ 微信除了扫码，还可以用来理财

你认为微信都有哪些功能？聊天、分享、支付？除了这些基本功能之外，微信和支付宝一样，还具有一个很强大的功能——理财，特别适合新手做小额理财，不需要很多理财经验、理财技巧、投资本金等。下面看一个微信理财小案例。

案例故事

微信买基金

刘女士在一家企业单位做人事，每月税后收入 6 000 元左右，每月按揭还款 1 846.15 元，其他生活开支每月 3 500 元左右。最近黄金周假期本打算和朋友一起旅行，因为一些其他因素，只能宅在家。和朋友聊天时，朋友告诉她，即使她宅在家，还可以通过微信每天赚钱，于是在朋友的帮助下，她也进行了尝试。

首先，在微信的支付页面，点击"理财通"按钮，如图 7-1 所示。然后进入理财页面，在该页面有短期、中期、长期的各类理财产品。她作为理财新手，打算选择一些低风险产品进行试水。点击页面下方"稳健理财"选项，如图 7-2 所示。

图 7-1　理财通　　　图 7-2　稳健理财

进入稳健理财产品的页面，产品有货币类、债基类、保险类等。在页面的下方还展示了全部的产品，点击"货币类"按钮，如图 7-3 所示。

货币类产品主要是一些典型的货币基金，产品主要从名称、收益率、特色等进行展示。刘女士选择单击"浦银安盛日日丰货币"超链接进行产品详情了解，如图 7-4 所示。

图 7-3　货币类　　　　　　　图 7-4　浦银安盛

在产品的详情页面，刘女士了解到，该基金的近七日年化利率为2.3650%，属于低风险基金；产品的理财期限比较灵活，1 分就可起购，如图 7-5 所示。同时在该页面她还看到关于该产品的产品特点、交易规则、风险提示等，如图 7-6 所示。

图 7-5　产品详情　　　　　　图 7-6　产品特点

在该页面，刘女士还看到了关于该基金的风险提示，该基金的风险低于股票基金、混合基金、债券基金等。该基金和存款是有区别的，不会保证最低收益甚至盈利，但是该基金是证券基金中较低风险的品种，如图 7-7 所示。接下来系统就要求刘女士做一个风险测评，如图 7-8 所示，需要回答 13 个基本问题，大概需要 1 分钟。

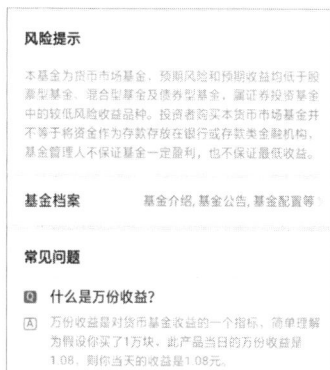

图 7-7　风险提示

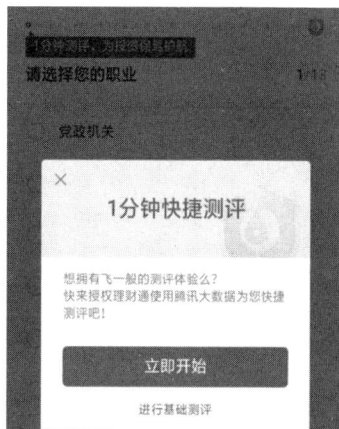

图 7-8　风险测评

　　测评结束，系统给出了刘女士的测评结果为稳健型，适合她的理财品种为中低风险的产品，如图 7-9 所示。该基金在刘女士的风险承受范围内，刘女士选择买入 100 元，点击"买入"按钮，如图 7-10 所示。

图 7-9　测评结果

图 7-10　产品买入

　　输入完成后，系统自动提示买入 100 元，收益可能不明显，可以尝试购买 200 元以上，随后刘女士点击"修改金额"按钮，如图 7-11 所示。

输入 200 元，点击"确认买入"按钮，系统提示因为受到国庆假期的影响，买入的收益将在假期过后才能产生，如图 7-12 所示。

图 7-11　修改金额　　　　图 7-12　稳健理财

刘女士比较关注收益，于是在该页面还查看了相关的收益规则。例如，前两日买入的该基金，收益会从最后买入的次日开始计算，收益会在计算收益的次日到账，周末不计算收益，如图 7-13 所示。

系统还提示相关的取出规则，在银行的服务时间里，该产品支持快速取出提现，单日单户单产品快速提现限额 1 万元，如果是普通取出还需要遵循一定的规则，如图 7-14 所示。

图 7-13　收益规则　　　　图 7-14　取出规则

通过刘女士的微信理财，可以知道，首先，了解自身的需求，如她个人比较喜欢稳健型的理财。其次，对于产品详情的了解，包括收益、风险、交易规则等，一定要详细阅读产品的说明。再次，了解自身的风险承受能力，属于保守型稳健型还是偏爱高风险，从而根据自身承受能力选择合适的品种。一般产品都会要求理财者做相应的风险测试，对于其中的测试问题一定要真实回答，否则容易影响测评结果。最后是投资的本金，对于新手来说，建议小额投资比较好，同时对收益规则和取出规则一定要有所了解，否则容易损失收益。

微信理财里的产品很丰富，到底选择哪一种因人而异，一般来说货币类理财产品和部分银行理财产品风险较低，比较适合理财新手。除了刘女士选择的理财通，微信还有零钱通，对接的是几只货币基金，类似于余额宝，可以买入，也可以直接用于支付。

对于工薪族来说，微信理财还是很方便的，理财品种丰富，理财方法简单，还基本可以每月固定收入。不仅可以合理控制预算，还可以在一定程度上抑制冲动消费，将每月闲置资金活用起来，同时还不耽误正常开支需求，一般收益都会高于活期存款，所以越来越多的工薪族选择微信理财。

但是也要注意，在微信理财里，不仅有低风险的产品，还有高风险的产品。在闲暇时间可多关注产品变化，如对产品未来趋势不看好，应快速提现，对于产品的各种规则说明，千万不要忽略。

⑤ 夫妻双方薪酬怎么花，管钱有妙招

结婚以后，夫妻双方薪酬怎么管理？是各管各的？还是交给一个人？还是双方都拿出一部分用于共同花费？还是一方存起来，花费另一方？

案例故事

工资收入怎么花才合理

李先生 26 岁，在一家事业单位工作，每月税后收入约 5 000 元。妻子在一家企业做行政工作，每月收入约 4 500 元。有了一个可爱的宝宝后，妻子辞职在家照顾宝宝。两人以前都是月光族，存款不多，现在家庭每月开支都靠他每月的固定收入，他每月将 3/5 的工资收入交给妻子，用于家庭的日常开支，剩余的用于自己日常消费及应酬需要。

一家人日子过得相对拮据，正常吃喝可以，但是如果出去旅行、多买几件衣服、多去外面就餐，每月就会有负债。

时间久了，他就会和妻子有争吵，他抱怨妻子太会消费，每月工资都花光，妻子抱怨他每月工资太低，完全不够养家。

李先生的例子，是很多青年家庭都会面临的问题，婚前工作稳定，收入中等，但消费没有计划，存款不多。婚后因为各种开支的加大，当一方没有收入来源时，就会给家庭带来很多矛盾。

李先生的家庭，婚后因为妻子辞职在家，所以两人生活收入主要是李先生工资收入的分配。李先生自动地将收入进行了 40% 和 60% 的分配，40% 自留，60% 交给妻子。但是最终根据情况来看，并不是很理想，那么家庭的工资收入到底该如何分配才最合理呢？

每个家庭的收入、夫妻双方性格、家庭开支等是不同的，所以具体问题需要具体分析。任何东西，适合自己的才是最好的，以下方式希望有一种适合你。

◆ 一方上交工资卡

一方上交工资卡，然后由另一方根据家庭的预算进行开支，并给予另一方零花钱，比较常见的是丈夫上交给妻子，由妻子来对收入进行合理安排，每月根据情况给丈夫一定的零花钱，但如果丈夫的收入来源多样，那么根据具体情况而定，维持家庭和睦才是根本。

◆　经济相对独立

夫妻双方各自管理各自的工资卡，不交给任何一方，对于家庭的消费，双方进行协商，例如，家庭大额消费是 AA 还是一方支出，家庭小额消费是妻子还是丈夫？夫妻双方相互协商，相互尊重。

◆　双方分开管理

例如，妻子管理家庭的消费支出，不管是大额还是小额，而丈夫监管双方的银行卡，夫妻双方相互监督，相互配合。

◆　建立家庭账户

办理一张家庭账户，夫妻双方工资卡各自管理，双方平时都往这个家庭账户存钱，谁要用钱就刷这张卡，小额花费不用协商，大额消费夫妻双方可相互协商告知，最终根据协商结果决定是否花费。

◆　合并工资卡

同样是办理一张家庭账户，但是夫妻双方将工资收入都存入该卡，对于这个总工资可以根据家庭需求，进行合理安排，如一部分用作家庭日常开支，一部分用于投资理财，一部分用来购买保险支出等。

在婚姻中，夫妻双方的工资原则上来说都是夫妻共同财产，对于这笔财产的分配与使用，每个家庭是不同的。它的分配不仅能体现家庭的规划、夫妻双方的亲密程度、家庭收入来源等，更体现的是一种管理智慧。

每一对夫妻相处的模式都不同，工资收入安排也只是生活的一部分，如何安排、如何消费、如何执行，都需要夫妻双方的共同努力，最终一切都是为了家庭和睦，让家庭走向更美好的明天。

⑥ 节日打折与消费，怎么来平衡

节假日时，无论是网上还是商场，都可见全场 5 折、每满 10 元减 5 元、满 300 元减 50 元等促销。一些家电、化妆品、食品饮料、衣服、鞋子、包包等在疯狂打折。那么，面对这些打折要不要现在买，还是等节日过去再购买？看下面一个小案例。

案例故事

特价商品要不要

张女士和朋友逛商场的时候，发现商场正在做活动，其中有一台特价冰箱只需要 1 500 元，张女士正打算换一台冰箱，经过促销人员说明后买回了家。

买回家后发现冰箱在不显眼的位置有一点划痕，她想着不影响正常使用就算了，反正价格很便宜。可是用了几天后，发现冰箱运转有点不正常，于是去商场找商家解决问题。可是商家告诉她，因为该商品是特价商品，一经出售，概不负责概不退换。

上面张女士的遭遇除了线下，网络上更多，收到的产品不让人满意。节假日购物一定要注意分辨商家的促销，可能的情况如下。

◆ "打折"

某些商家会为了吸引消费者购买，会采用在节日前一段时间先提升价格，到节假日期间再降价，所以面对打折，要多考虑多对比。

◆ "包装"

商品的包装是第一印象，有的商家会在节假日将商品包装精美化。但面对华丽好看的包装，包装内的商品质量才是根本，在打开包装后，尽量保留销售凭证以及三包凭证。

◆　"赠品"

有的商家会推出买一送一的促销引导消费者消费。赠品需要分辨，如果赠品出现质量问题也会拒绝三包，所以买一送一的商品要小心。

◆　"清仓"

无论在线上还是线下，我们都会看到清仓类商品，有些商家会打着清仓的名义销售。这种清仓的商品需要注意。特别是清仓力度大的商品，比如原价 199 元现在只要 9.9 元，一定要小心。

◆　"赠送券"

有的商家会在消费者购买时，赠送一定的优惠券或者奖券，当消费者消费到一定金额可享有优惠券，如买 300 元赠送 50 元优惠券，在购买时直接现金抵扣。这种是商家为了刺激消费者购买更多的商品，比如，购买到 260 元的商品时，如果再凑够 40 元，那么就可以享受该优惠券。但添购的东西可能并不需要，消费也超出预算。最根本的还是控制个人消费欲望。

◆　"特价"

一些商家用特价的名义，出售商品特价商品更要仔细分辨。有的商家在售卖时，就注明该商品为特价商品，一经购买不能退换。

◆　"反季节大减价"

有的商家为了促销会实行反季节大减价，比如，在夏天大减价销售羽绒服，有的人会觉得此时购买比较便宜。但一般反季节的商品买回家后，都不会马上使用，会在家里放置很长时间，有问题的话不容易发现。

◆　选择合格的商家

在选择商品时，应关注商品和商家的相关信息，例如，商家证件是否齐全，是否有经营资格、商品的合格证明、生产厂家、生产日期等，一般线上的商品都会在商品页面进行展示。

◆ 保留购物凭证

购买时，要检查发票及三包证明，看是否齐全，无法提供发票的也要有购物小票，上面清楚地说明了消费项目、价格、数量等，一旦发生消费纠纷，可以凭购物凭证向消费者协会投诉，如遇价格欺诈还可以向相关部门举报，维护自身合法权益。

节假日是亲朋好友团聚、消费、购物、送礼之时，消费是避免不了的，可以选择一些正规渠道、合法平台、品牌商家进行消费，最大限度地保障自身合法权益。

⑦ 一家老小出外游，省钱又安心

节假日时，有的人选择宅家，有的人选择和朋友聚会，但很多的人会选择一家去旅游，不管是短途还是长途，出外旅行都能给疲惫的心灵休一个假期，能和家人孩子更好地沟通交流。但大多数出外旅行的家庭都会面临一些问题，比如，去哪里？怎么去？吃住怎么解决？预算多少合适？跟团还是自驾游？这些问题都是需要提前考虑并规划的。

一家老小出外旅行，首先是安全，其次是玩得开心又经济，出外游怎么才能玩得经济又开心呢？根据不同的旅游方式，可以发现不同的旅游小窍门，说明如下。

◆ 自助游

自助游是近年来比较流行的方式，它在旅游景点、旅游时间、出行方式等方面都比较自由。自助游因为没有导游，吃、住、游、行都需要自己安排，在旅游中事情会比较烦琐，特别是几个人的自助游。如果是在旅游旺季，没有很好的规划，可能会在旅游途中遇到一些麻烦，比如车票、景点门票、住宿等。

如果选择自助游，可以避开旅游旺季或者热门景区，规划好旅游时间，提前定好车票、门票、酒店等，避免临时旅游人多无法购买。从安全的角度看，不建议一个人单独出行，特别是去一些偏远山区，可以是友人、情侣、家人一起出行，不仅旅途不寂寞，还能相互照应。还可以在多人出行中，选出一位领导者，相当于导游角色，统一规划大家的吃、住、游、行，建议旅游经验比较丰富并且团队管理能力较强者担任。家庭出行，夫妻双方可以相互协商吃、住、游、行问题。

◆ 自驾游

自驾游也是家庭出行常选的旅行方式，自驾游可以看成是升级版的自助游，在旅游景点和出行方式上，选择更自由。而且自驾游沿途的风光也是跟团游或者一般自助游无法比拟的，遇到美景，还可以停车宿营。但自驾游长途旅游，除非出行者能换着驾驶，否则一个人长途开车容易疲劳，增加旅行安全隐患。

选择自驾游时要注意，车辆接收信号一定要好，如车载 GPS，避免迷路。建议轮着驾驶，连续驾驶超过 3 个小时以上，建议换人驾驶，避免疲劳驾驶。车上可以准备一定的食物和水，避免路上大堵车或者车辆出现问题。尽量保持油箱多油状态，避免中途油少又找不到加油站的问题出现。走山路时注意安全，尽量不走夜路，安全第一。驾驶途中如遇到有人求援，根据时间、地点、事件而定，如有事故先报警。提前规划旅游路线，查看路况，相同旅游路线，可以查看一些别人的自驾游攻略。

自驾游和其他出行方式不同，除了酒店外，还可以选择其他的住宿，比如，很多景区或者服务区都有自驾营地，可以直接在营地停车扎帐篷休息。自驾游需注意不出事故、不违章，车辆要定期保养、配备维修工具等。

◆ 跟团游

每到节假日，也是旅行社最繁忙的时候，选择旅行社跟团游，比较省心省钱。可以一个人或者全家一起跟团游，旅途中的吃、住、游、行都由旅行社统一规划，相对来说，比自助游花费更少，但是在景区的游览上可能会受到限制，以及引导消费，景点走马观花，一些不必要的消费也会产生。

跟团游要合适，选择一家靠谱的旅行社很重要，在选择旅行社时要货比三家，在报价中明确细节，如哪些为自费项目？哪些为必须消费项目？哪些是可以选择的缴费等？选择旅行社时在选择品牌之外，还要看其是否具有合法的三证。旅行合同条款一定要逐条看清楚，另有约定的要写进合同条款，不要口头承诺。

选择好旅行社后还要将相关事项与旅行社进行确认，确认出游线路和报价、确定往返交通工具、确认住宿标准、确认游程安排、确认出票能力、确认签约手续已经完成。

旅行社的报价一般是全包或者部分自理，在出行前或者合同中要确认。交通往返是飞机还是火车，和旅行费用相关的内容，需要在合同中注明。根据不同团的类别，住宿的档次是不同的。经济团一般是普通间，标准团和豪华团条件相对更好一点，但是费用高，都要提前确认。确认旅行社的游程安排，看游览景点，确认其是否合理。不要选择出票能力差的旅行社，因为出票能力差意味着在交通工具等级和往返上可能出现问题。在出行前要确认已经和旅行社办完签约手续，避免旅行变化，出现各种纠纷。

无论选择哪一种旅行方式，出外旅行都围绕着吃、住、游、行。可以提前查询当地的特色小吃和当地的餐馆，一般景区的食物价格较贵而且味道一般。当然如果是跟团游，已经包团的除外。住宿的话，选择可以是青年旅社、快捷酒店、民宿等，也可以根据自己爱好选择。在网上多看网友评价，选择一家性价比较高的住宿。如果选择的是跟团游，一般旅行社会提前安排好住宿。对于出行的工具，跟团游和自驾游已经确定，只有自助游具有选择性，可以查看网上一些打折机票或者过夜火车，相对价格较低。有些景区会有很多景点，不用都走完，节约时间和成本，提前规划要去的景点，可以咨询当地司机或者酒店服务员。

8 小房换大房，选房有门道

因为工资收入、年龄、积蓄等各种因素影响，很多夫妻在结婚前或者结婚后购买的房子以小户型的居多，等到家里人口增加以及收入增加的时候，很多夫妻会考虑换一套大户型的房子。这就是常见的小房换大房，但是换房和买房一样，对普通家庭来说都是一件大事，是卖掉小房买大房还是再买一套大房子？大房买在哪里好？大房首付哪里来？装修费用要多少？小房换大房有没有什么门道？看下面一个案例。

案例故事

怎么小房换大房

刘女士今年 30 岁，有一个 3 岁的宝宝，随着宝宝一天天长大且父母都着一起照顾宝宝，小家就显得比较拥挤了。小家是在两人刚结婚的时候买的，那时候两人的工资不高，收入不多，当时房屋总价 30 万元，现在市值 55 万元左右。贷款 15 万元，每月还贷 1 800 元左右，现在还有 3 年 4 个月才还清，如果现在提前还贷，需要一次性支付 8 万元。

最近她和先生看中了一套大一点的房子，总价 85 万元，该房需要支付首付 50%（42.5 万元），而她和先生存款只有 10 万元，不足以支付首付。面对这种情况，她想到了两种办法，一是以市价卖掉现在的小房子，可以有 55 万元的现款，一次性支付剩余的款项 8 万元，还有 47 万元，足以支付大房子的首付 42.5 万元，但是在新房入住前，还需要重新租房。

二是，小房子保留并且以每月 2 200 元的房租出租，用月租来支付剩余贷款。但是新房还欠的款项则需要找父母周转，等到年底或者 3 年 4 个月后，小房子房贷还完以后，租金收入还给父母，但是找父母周转她又有点纠结。

由刘女士换房的案例可知，在换大房子时，卖掉小房子还是保留小房子都有一定的麻烦，而且换大房也具有如下的一些风险。

◆ 房屋断档

房屋断档就是小房子已经卖出或者租出，新房还不能入住，此时就只能选择租房，而租金又是一笔家庭支出。

◆ 资金断档

资金断档就是当我们换大房子时，一般会卖房和买房同时操作。如果打算以卖小房子的资金去买新房，新房的买房时间到了，但是小房子还没有卖出去怎么办？此时就可能购房违约，可能损失定金甚至错过房屋最佳购买时机。

◆ 户口迁移风险

换大房子时的户口迁入问题，如果是新楼盘还比较好解决，但如果是二手房，二手房的房东还没有将户口迁走，你也没法落户，对于学区房来说是很不利的。

虽然小房换大房有风险，但是可以采取一定的措施来规避这些风险。找到换房的门道，可以从两个方面出发，处理小房子和存换房准备金。对于小房子的处理考虑如下 3 种方式。

◆ 卖掉小房子

卖掉小房子最好的好处就是，换大房子时有足够的首付，能缓解家庭的资金压力，但是要在新房看房前卖掉小房子。此外，如果新房不能在购买后马上入住，需要在卖掉小房子前解决断房的问题，要提前租房。这种方式比较适合换房资金压力比较大的工薪阶层，也能在一定程度上规避换房的资金风险。

◆ 保留小房子

对于闲置资金较多或者高收入者，可以选择将小房子保留不动。最大的好处是，在新房入住前，一家人还可以在小房子里生活，能很好地规避换房期间的断房风险。

◆ 租出小房子

租出小房子也是将小房子保留，并且在入住新房后，将小房子租出，用小房子的租金去抵扣大房子的月供，这样可以在很大程度上减轻大房子的月供压力，但前提也是一样，需要家庭有足够的收入和存款支付大房子的首付及装修费用。

小房换大房需要准备哪些资金呢？主要是大房子的首付和装修费用，当我们选择卖掉小房子时，基本上能解决大房首付、装修费用、临时房租金等资金问题，但如果选择保留小房子，那么我们需要考虑怎么解决首付、贷款、装修、月供等资金问题。

在卖出小房子前，剩余的房屋贷款怎么办，是筹借还是从买房的首付款中支付；对于大房的首付款，是自筹还是用卖掉小房子的资金，在买房和卖房之间涉及的税费，要计算在准备金内。

小房换大房需要提前的制订计划，做一定的资金方案和行情调查，对于一般工薪族来说，卖掉小房子是比较适合的，关键是要在购买大房子前卖出小房子。

对小房子和大房子都有必要做一定的行情了解，了解房屋的市场价、销售价、销售周期，最后才能买卖得合理。换的大房子是新楼盘还是二手房，需要多方面考虑，没有固定的标准。

随着二胎时代的到来，换房已是一些工薪族的必选，但买的是房屋也是家，换房最终也是为了家庭舒适与心安，换房麻烦也有风险，不管是为了什么换房，一定要从家庭需求出发，综合考量。

⑨ 家庭记账 App，省钱小法宝

随处可见的二维码、扫扫扫，外卖购物一键支付，明明好像每天买的东西不多，就 5 元、10 元、20 元，为什么到了月底，银行卡余额有点少、花呗账单有点高、信用卡还款有点多？很多时候不知道我们的钱都花到哪里去了，更不要说抑制消费、开源节流了。

那么有什么办法来解决这个问题吗？答案就是记账。我们不是专业的会计，不懂如何记账，没关系，可以借助一些外援，比如，各种记账App。那么记账 App 都是怎么记账的呢？看下面一个案例。

案例故事

App 注册更方便

刘女士在一家教育机构做市场，每月收入 6 000 ～ 8 000 元，每月房租 800 元，水电各种费用 50 元，生活支出平均 4 000 元，银行存款 2 万元。在国庆的时候，和大学的同学张女士聊天，张女士在一家公司做文员，月薪 4 500 左右，银行存款 10 万元。张女士很好奇，为什么刘女士的工资比她高，存款却比她少那么多。刘女士告诉她工资基本上每个月都花出去了，结余很少，但是具体花在哪里，她也不清楚。张女士询问她，要不试试记账看看，至少知道每月钱都去哪里了，于是给刘女士推荐了一款记账 App。

刘女士尝试着用了用，发现这款记账 App 很简单，登录该记账 App，首页显示以前的记账，点击"记一笔"按钮，如图 7-15 所示。在记账页面输入相关信息，如金额、分类、项目、备注等，再点击"确定"按钮，如图 7-16 所示。

图 7-15　点击"记一笔"

图 7-16　记录明细

此时刘女士返回到首页，她看到相关账目有了明显的变化，她今天的花费已经总计在首页，如图7-17所示。

在首页中点击"账户"按钮，可以查询账户信息，如图7-18所示。在未记账前，账户主要记录的老婆钱包和老公钱包的账户金额。

图7-17　记账统计　　　　图7-18　查询账户

在记账以后，原有的账户将变为如图7-19所示，同样是老婆钱包和老公钱包，但是两个账户的金额明显发生了变化，同时也可以通过账户发现，今天的收入与支出是否已经记账完成。

在月末的时候，刘女士还查看总账户下的明细账户，如图7-20所示，看她这个月哪一类消费最多，下一个月需要调整。因为最近处于长假中，这个月的消费较多，她考虑从下个月起控制消费。

刘女士还发现该记账App不仅仅只用于记账，还可以适当地学习，如在财商学院，有针对理财新手的进阶区、学习区、投资圈。新手还可以学习赚钱、投资、理财、花钱等，同时还有一些财商课堂，如图7-21所示。

在该页面她还发现了有大咖分享以及学院故事，如图7-22所示。她对于感兴趣的内容都进行了简单了解。

图 7-19　账户变化

图 7-20　明细账户

图 7-21　财商学院

图 7-22　大咖分享

由刘女士案例可知，各类记账 App 最大的好处就是能对个人的每一笔支出都做出详细的记录，还可以以图形展示，个人或者家庭可以很直观地看到消费情况，并且可以根据每个月的统计记录去调整下个月的消费支出。

记账 App 有很多，个人可以根据需求选择，现在微信也出现一些记账小程序，个人可以根据自己的喜好选择，但无论选择哪一种，保护好个人的基本信息很重要，并且一定要注意账户安全。

第8章

解析保险投资
理财保障两不误

失业，社保断交，看病怎么办？

人到中年，需要服用一些高价进口自费药怎么办？

购买代步车，要不要上全险？怎么买最划算？

孩子一天天长大，教育险要不要？怎么买？买多少？

退休，想要养老生活品质不变，只有社保够不够？不够怎么办……这些问题对于工薪族来说，都是不得不面对的问题，然而这些问题可以通过另一类理财工具来实现——配置保险。

世间可得双全法，理财保障两不误，本章就来简单聊一聊。

① 保险基础常识聊一聊

保险是指投保人根据合同约定，向保险人支付保费，保险人根据合同约定，当约定的事件发生时，向被保险人或者受益人支付相应保险金的行为。

可以从保险术语、分类、购买等方面，去了解保险。首先是保险的术语，常见常用的一些术语如表 8-1 所示。

表 8-1 常见保险术语

项　目	明　　细
投保人	与保险人订立保险合同，并根据合同支付保费的人
保险人	与投保人订立保险合同，并承担赔偿给付保险金的保险公司。这里的保险人一般是指各类保险公司，如中国人寿
被保险人	财产或者人身受到合同保障并且享有保险金请求权的人，如妻子给丈夫投保，妻子是投保人，丈夫就是被保险人
受益人	根据保险合同享有保险金请求权的人。可以是投保人也可以是被保险人，还可以是合同指定的第三人
保险责任	根据保险合同约定，保险事故发生后应由保险人承担的赔偿或给付保险金的责任
主险及附加	主险是可单独投保的某类保险产品，附加险是对于主险进行补充的一类保险，不能单独购买
责任免除	根据保险合同的相关约定，保险人不承担的责任范围
告知	在订立保险合同时，投保人需要将与投保人、被保险人、保险标的等相关事实以口头或书面的形式告诉给保险人的行为。如购买重大疾病保险时，对于以前是否患过某种重大疾病要如实告知
免体检限额	当购买某类保险的保险金额不超过相应的额度且投保人无任何告知异常，被保险人就不用去保险人指定的医院进行体检

续表

项　目	明　细
累计最高给付天数	根据相关保险合同约定，保险公司给予被保险人的单次住院的保险金的最多的天数
免赔期	在保险合同中约定的一个时段，在该时段里被保险人出现合同约定的保险事故产生的损失和费用由被保险人自己承担，超过该时段，由保险人承担
人身保险合同	指以人的寿命和身体作为保险标的的保险合同
现金价值	在保险合同中约定的，保单实际积累的价值
保单贷款	保险人根据保单的现金价值向投保人提供贷款的行为
保险合同中止	指在保险合同缴费约定的宽限期内，投保人还未能足额缴纳续期的保费，导致的保单合同效力失效
保险合同复效	保险合同中止后，投保人补缴相应的保费及利息，申请恢复保险合同，保险公司同意后，保险合同效力恢复
保额	保险人承担赔偿或者给付保险金的最高限额
免赔额	根据保险合同约定，当被保险人损失在一定区间里的金额，保险人不承担赔偿责任
观察期	保单从生效日开始，到保险人具有保险金给付责任之日的一段时间
生存期	在重大疾病保险中，从被保险人确诊开始到具有保险金请求权的一段时间
犹豫期	投保人在签订保单后的一段时日内，在该时日内投保人可以申请解除合同，但保险公司可能会扣取一定费用再退还保费
保险期间	根据保险合同载明的保险责任起止时间
意外事件	非预见、非本意突然发生的外来事故，并且导致了被保险人人身或财产受到严重损失的客观事实
保险合同终止	因某种约定或者法定的事由导致的保险合同双方权利义务归于消灭的行为

　　如表 8-1 所示的是一些常见的术语，能帮助我们更好地理解保险合同，对于保险合同中的保险条款，一定要仔细阅读，如遇到不明白的事项，可

以要求保险代理人详细告知。

接下来，需要对常见的保险有清晰的认知。国际上对于保险品种的分类没有固定的标准，各国通常根据自身的需求采取不同的分类标准，但大多数国家根据保险标的划分，如分为财产保险、人身保险、责任保险、信用保险四大类。

◆ 财产保险

财产保险是以家庭或者个人的财产为保险标的的保险，如常见的工程保险、航空保险、火灾保险、汽车保险、家庭财产保险、农业保险等。

◆ 人身保险

人身保险是以人的生命或身体为保险标的的保险，如以人身意外、健康、寿命为保障对象的人身意外险、健康险、人寿险。

◆ 责任保险

责任保险是以被保险人的民事损害赔偿责任为保险标的的险种，如公众责任保险、雇主责任保险、产品责任保险、职业责任保险等。

◆ 信用保险

信用保险是投保人对债务人的信用风险进行投保的一种保险，当债务人不能履行其义务时，由保险人承担赔偿责任。信用保险的投保人一般是企业而非个人。

对工薪族来说，常用到人身保险和财产保险，而在工作中，可能会接触到一些相关的责任保险和信用保险。

工薪族都知道的社保，是一种特殊的保险，是国家管理、法律强制规定的一种保险，主要是为了保障公民的基本生活需求，如养老、疾病、工伤、失业、生育等。社保主要包括养老保险、医疗保险、工伤保险、失业保险、生育保险等，保费由企业和个人共同承担，存在不同城市不同地区不同档次及不同比例缴费。社保是国家强制险种，任何单位和个人都必须参加。

这里介绍的保险理财，主要是指商业保险理财，是各大保险公司推出的各种财产、人身、理财类保险。

最后，对于保险的购买主要在于对保险公司和保险代理人的选择。保险公司可以从公司的偿付能力、风险管理能力、稳健经营能力、客户服务等指标去评判。一般第三方机构和保险监管部门会定期将各大保险公司的这几类指标在官网上进行公布，我们可以定期查看。此外，也可以关注一些行业新闻，如保险公司是否涉及负面报道、投诉、处罚等负面新闻。

保险代理人可以理解为保险行业的一对一的理财经理，一个好的代理人必须具备职业资格、专业技能、诚信、服务意识、从业稳定、敬业精神等。最简单的判别是，一个好的保险代理人会从客户的本身需求出发给客户制定相应的保障或推荐相应的理财保险，而不是直接推荐最热门最常见的高额保险。

关于保险的问题还有很多，这里只做了重点说明。在平时的生活中，可以多学习一些相关常识，为后面的保险配置打下基础。

❷ 健康险，减轻家庭的负担

作为工薪族，你有没有经常熬夜加班？经常不去锻炼？经常不去体检？你有没有觉得不敢生病、不敢去医院、不敢去体检？

不少的年轻人，熬夜加班是常态，不敢生病也不敢辞职，上有老下有小。但你有没有想过，作为家里的顶梁柱，如果意外到来，家庭是不是会风雨飘摇。近年来重大疾病有年轻化趋势，医保能帮助治病，但是要治好病、治大病，配备一份健康险也是很多人的选择，一般越早购买，因为身体健康，保费越低；越晚购买，保费越高；而且体检还不容易通过，保险公司拒绝承保。

健康险怎么购买不后悔，看下面一个案例。

案例故事

当社保医疗和健康险撞上以后

李女士在朋友的推荐下，购买了一份 A 保险公司的商业医疗险。最近因生病住院，花费了 1.5 万元，根据保险合同约定，她可以获得保险公司赔付 10 668 元，而她从社保中报销了 11 280 元，最后保险公司根据花费与社保报销的差额，赔偿给她 3 720 元。

她很困惑，明明该赔付她 10 688 元，为什么只赔付了 3 720 元。她向保险公司询问，保险公司理赔人员告诉她，因为她购买的是费用型医疗险，根据合同规定，可以根据投保人在医疗中的所有费用的总额，按照总额的一定比例进行赔付，如果社保已经报销，那么保险公司只会按照补偿原则，补足总计费用的差额。

所以李女士总计花费 1.5 万元，如果没有社保报销，保险公司将根据合同规定赔偿她 10 688 元；但是因为她已经用社保报销了 11 280 元，所以保险公司只能给她赔偿 3 720 元（15 000−11 280）元。

如上例李女士的案例，商业医疗险一般可以分为费用型和补贴型：费用型是保险公司按照费用总额比例赔付或者社保报销差额赔付；补贴型是指因为意外或者疾病导致被保险人收入中断或者减少，保险公司按照保险合同提供相应的收入保障金，此时不管花费的费用多少或者社保是否已经报销，保险公司都将根据合同约定，对被保险人进行赔付。

费用型和补贴型各有优劣，费用型是对于社保起保障作用，缴纳的保费相对较低；而补贴型获得的赔付更高更全面，但缴纳的保费较多，选择哪一种，需要根据自身实际出发。

购买健康险，可以从 3 个方面去考虑，给谁买？买哪种？买多少？具体如下。

◆　给谁买

一般健康险的重点购买对象是家庭经济的主要来源方，可以为自己也可以为家人投保。

◆　买哪种

健康险包括医疗险、意外险、人寿险，应选择保障全面的险种，不仅有身故、重大疾病、意外伤残、住院费用报销等保障，还有家庭经济支柱、小孩和老人保障的险种，保障项目越全面越好。

◆　买多少

健康险的保额不能太低，可选择保额在 50 万元以上，一般家庭可将保额配置在 3 ~ 5 年的家庭年收入。如李先生的年收入 10 万元，可以考虑将健康险的保额配置在 30 万 ~ 50 万元。

对于家庭或个人的健康险可以从重疾险、医疗险、意外险、寿险去考虑，如年收入 10 万元的家庭，可以考虑配置重疾险保额 50 万元，且多次赔付，保障至终身；医疗险保额 100 万元，不限制社保用药；意外险保额 100 万元；寿险保额 100 万元。总的来说就是重大疾病的保额在年收入的 5 倍，其他险种在年收入的 10 倍。每一个家庭需要配置的保额是不一样的，因为家庭的收入不同，承担风险的能力也不同。如果不知道自己具体该配置多少保额，可以咨询你的保险代理人，或者购买一些保险公司推出的健康保险套餐，即使是在网上购买，也是可以和客服或者代理人在线沟通的，重点是明确自身需求，并如实告知身体状况。

❸ 分红险，通货膨胀扛一扛

如果有一种保险不仅能保障意外、疾病、人寿，每年还能提供分红，能抗通货膨胀，你会不会买？

传说中的分红险，你了解多少？看下面一个案例。

案例故事

分红保险买一买

李先生最近在朋友的介绍下，购买了一份分红保险，投保人和被保险人都是他，受益人是女儿。该分红险基本保额10万元，每月缴纳保费1 745元，享有如表8-2所示的保障。

表8-2　分红险保障

保险金	领取人	给付金额	领取条件
生存保险金	李先生	800元（每月）	自李先生60周岁的保单周年日开始仍生存
关爱生存保险金	李先生	800元（保单周年日）	自李先生60周岁的保单周年日开始后每个保单周年日生存

保险金	领取人	给付金额	领取条件
分红	李先生	以每年分红报告为准	保单有效
身故保险金（主险）	女儿	（保险费 – 累计至保单年度初的生存保险金）	李先生不幸身故
身故保险金（附加险）	女儿	5 万元	李先生不幸身故
年金（女儿）	女儿	按照合同约定给付	女儿生存
身故金	女儿	（进入分红账户的保费 – 累计部分领取 – 累计年金领取）的较大值	李先生身故

如上面所示，分红保险享有最基本的保障：生存和身故。保单持有人可以到期领取生存金，并且享受保险公司的经营成果，定期分红。但是也具有一定的投资风险，比如保险公司破产。

上述李先生的案例仅供参考，不同保险公司推出的分红保险在保障利益和分红计算上不同，且同一产品在不同的年度，根据保险公司的业绩不同，分红也会不同，具体应以分红保险的合同约定为准。

分红险指保险公司在每个会计年度结束后，将上一会计年度该类分红保险的可分配盈余，按照一定的比例，以现金红利或增值红利的方式，分配给客户的一种人寿保险。

分红保险分为投资类和保障类。投资类常见为一次性缴费，保险具有一定的投资性，保障功能相对弱一点；保障型是带有分红功能的寿险，分红是附加的利益，上例李先生购买的分红险就属于此类。

中国保监会规定保险公司每年至少应将分红保险可分配盈余的 70% 分配给客户。红利的分配一般会采用现金红利和增额红利的方式。我国大多数保险公司采用现金红利的形式发放给保单持有人。增额红利就是在保险期限内给保单持有人手里的分红保险增加保额的红利分配。保险公司每年都会给保单持有人寄送一份红利通知书，现在电子版居多。在通知书上告知客户红利分配政策、累积红利、本年度红利等信息。对于这些红利，客户可以用来累积生息、抵交保费、购买减额、交清保险等，具体以保险合同约定为准。

分红保险适合收入稳定、短期内无大额开支、希望能获得长期收益的人群。分红保险的收益一般大于 1 年期的存款收益，具体多少需要以保险公司的实际分配为准，年度保险公司经营越好，分红也会更高。

作为新手，购买分红保险建议选择一些大型的保险公司。大公司的实力更强，分红也更容易得到保障。在品种上，是选择投资型分红险还是保障型，根据家庭需求而定，两者各有优劣。

总的来说，分红险的前期投入多，后期收益才会高。所以是否选择分红险需要综合分析，如家庭每月支出能保证每月不断保或者一次性缴纳一定金额的保费，选择的保险公司近年来经营良好且分红收益高于存款，该笔资金短期内不会动用，等等。

4

万能险，新型理财有保障

万能险，本质还是寿险，不过它比较"万能"，万能险可以任意地选择或变更缴费期、提高基础保额、灵活领取保单价值。例如，因收入变化可停交保费，几年后再补缴或者多次追加保费提高基础保额，也可以随时领取保单价值用作家庭医疗储备金、孩子教育金、创业金等。

万能险和分红险一样具有理财功能，投保人缴纳的保费，一部分用来保障，一部分用来购买保险公司设立的各种投资账户。保险公司将相应的资金投入各类投资工具中，投保人参与投资收益分配。

案例故事

万能险买一买

罗先生最近给 5 岁的儿子购买了一份包括重疾、养老、教育等在内的万能险，基本保额为 5 万元，缴费 10 年，保障终身，月缴保费 3 879.59 元。根据合同约定，儿子可享有的收益主要包括 3 部分，具体如下。

首先，假设以中档结算利益情况下，罗先生的儿子在不同的年龄阶段可以领取的金额，如表 8-3 所示。

表 8-3 收益领取

年龄	领取金额	用途	累计
16 ~ 22 周岁	每年 5 万元	教育	5 万元 × 7 年 = 35 万元
30 周岁	10 万元	成家立业	一次性领取 10 万元
60 ~ 79 周岁	每年 5 万元	养老	5 万元 × 20 年 = 100 万元
80 周岁	可一次性领取 200 万元作为祝寿金		

其次，所有的生存金都转入了万能账户。当罗先生的儿子 105 周岁时，可获得最高收益为 92 115 247 元，最低收益为 3 689 754 元，中档收益为 26 489 143 元。

最后，若罗先生的儿子在 80 岁不幸身故，且在此前未领取相应的生存金，那么到时可以获得的最高收益为 20 157 483 元，最低收益为 2 149 321 元，中档收益为 9 259 435 元。

根据上例罗先生给儿子购买的万能险所示，无论是每年领取的生存金还是转作投资收益都是比较可观的。为什么会这样？主要是因为万能险是一种储蓄类的保险，一般保险公司都有保底利率，万能险投资收益会按月复利滚动计算。但要注意保险公司最低保证利率之上的投资收益是不确定的，实际保单账户利益可能低于中、高档利益。

万能险有两个账户，一个保障账户，一个投资账户，根据账户资金分配的比例，可将万能险分为保障型和投资型两类。保障型万能险，保障额度高，扣除的保障成本更高，因此能分给投资账户的资金少，如果前期退保，会损失大部分保费，因此适合看重保障需求的青中年人。投资型万能险，保障额度低，扣除的保障成本低，分给投资账户的资金多，退保损失相对较小，适合偏重理财需求的年轻人。

万能险是适合年轻人的险种，一方面有保底收益，另一方面还可以有利滚利的复利计息收入，但前提是保险公司经营业绩良好。

万能险的购买重点在于保险公司及保险品种的选择上。具体选择可以参考分红险的选择，或者咨询保险代理人。万能险同样采用自然费率，随着年龄的增大保费越贵，所以收入不高、年龄不大的、重在理财的购买者，可以考虑投资型的万能险。

⑤ 投连险，收益计算有门道

投资连结保险又称为投连险，简单来说就是投资和保险相结合，投连险会给客户提供几个不同风险等级的账户供选择，如基金账户、发展账户、保证收益账户等。投保人可以选择将保费分配到不同的账户，不同保险公司的投连险开设的账户是不同的。

案例故事

投连险买一买

张先生最近购买了一份投资连结保险，一次性缴费 1.2 万元，缴费 15 年，基本保额 20 万元，附加了重疾保额 15 万元，附加意外保额 10 万元。该保险拥有发展投资账户、基金投资账户、保证收益投资账户、价值增长投资账户、权益投资账户、货币投资账户、组合投资账户七个账户可选择。不同账户的投资品种和投资风险是不同的。

发展账户投资现金及等价、存款、债券等；基金投资账户投资证券投资基金、存款、债券、债券回购等；保证收益投资账户投资存款、大额可转让定期存单、存期为 3 个月及以下的存款等；价值增长投资账户投资现金及等价、债券、证券投资基金（非权益类基金除外）等。

权益投资账户投资股票、证券投资基金（非权益类基金除外）、权益类其他金融产品等；货币投资账户投资债券型基金、现金及等价、存款等；组合投资账户以权益类资产投资为主，同时辅之以流动性资产、固定收益类资产和金融产品的投资等。

投资连结保险的投资回报率根据公式：$(P_1/P_2-1) \times 100\%$ 计算。其中，P_1 为投连账户期末估值日单位净值卖出价；P_2 为投连账户期初日的上一估值日单位净值卖出价。

假设保险期间的投资收益分别处于低、中、高 3 种水平，对应的年投资收益率分别为 1%、4.5%、7%。但具体以实际支付为准，该保险近年来的业绩表现如图 8-1 所示。

业绩周期	平安基金投资账户	平安发展投资账户	平安保证收益投资账户	平安价值增长投资账户	平安精选权益投资账户	平安货币投资账户	平安天玺优选账户
2000/10/31-2000/12/31		9.79%					
2000/12/31-2001/12/31		6.68%					
2001/4/30-2001/12/31	-1.26%		2.77%				
2001/12/31-2002/12/31	0.80%	3.09%	4.49%				
2002/12/31-2003/12/25	6.30%	3.61%	3.01%				
2003/8/28-2003/12/25				1.02%			
2003/12/25-2004/12/31	-0.87%	0.44%	2.91%	2.00%			
2004/12/31-2005/12/29	3.31%	4.66%	2.63%	5.43%			
2005/12/29-2006/12/28	71.25%	39.34%	2.74%	13.95%			
2006/12/28-2007/12/27	93.08%	52.14%	3.51%	26.95%			
2007/12/27-2008/12/31	-31.57%	-16.54%	4.14%	1.92%	-37.58%	3.83%	
2008/12/31-2009/12/31	43.59%	24.14%	3.55%	3.99%	52.24%	1.38%	
2009/12/31-2010/12/31	-3.25%	-2.55%	3.47%	2.22%	-8.80%	2.07%	
2010/12/31-2011/12/31	-20.19%	-11.75%	3.94%	1.48%	-28.29%	3.96%	
2011/12/31-2012/12/31	0.90%	2.56%	4.00%	3.33%	11.26%	4.06%	
2012/12/31-2013/12/31	7.60%	6.95%	4.25%	2.38%	13.15%	4.22%	
2013/12/31-2014/12/31	20.64%	15.08%	5.08%	9.40%	5.04%	5.71%	
2014/12/31-2015/12/31	36.27%	29.26%	4.15%	10.02%	55.41%	3.71%	
2015/12/31-2016/12/31	-13.74%	-8.51%	4.08%	-1.79%	-9.79%	1.89%	
2016/12/31-2017/12/31	11.52%	10.02%	4.62%	0.83%	24.68%	3.89%	
2017/12/31-2018/12/31	-22.81%	-12.75%	4.95%	5.38%	-26.72%	4.59%	0.40%
2018/12/31-2019/12/31	40.71%	26.60%	3.83%	5.40%	48.60%	3.25%	4.92%
2019/12/31-2020/6/30	16.87%	10.83%	1.80%	1.20%	22.32%	1.39%	2.78%
设立以来累计收益率	493.64%	399.63%	106.60%	145.36%	96.57%	55.02%	8.27%

图 8-1　业绩表现

代理人告诉张先生，近年来该保险的几个账户业绩表现整体都是很不错的，特别是其中的基金账户和发展账户，基金账户的累计收益甚至达到了 493.64%。但是张先生也很困惑，收益可观是不是意味着风险也很大呢？

投连险的重点在于理财，比如，你交 500 元的保费，可能只有 100 元在于保障，其余 400 元被用于投资理财。这 400 元被分配到不同的投资工具和账户上，那么这 400 元的本金会不会亏损呢？

投连险和万能险不同，没有保底收益率，如图 8-1 所示，在 2018 年度，基金账户收益为 -22.81%。如果投资在该基金账户的金额是 100 元，不考虑其他因素，就意味着本金已经亏损了 22.81 元，本金余额为 77.19 元。但在 2019 年度，投资收益为 40.71%，本金变为 108.61 元。到报告截止日期的收益率为 16.87%，本金就变为 126.94 元。

总体来说，投连险的投资，会有亏损也会有高收益。要想购买投连险，又不想承受高风险，作为新手，在选择投资账户时，选择一些中低风险的账户，如发展投资账户、保证收益投资账户、货币投资账户等。对于一些权益投资账户要慎重，该类账户一般以股票投资为主，风险相对较大。投连险的收益与投资市场息息相关，一般保险公司都不会承诺回报率，投资账户的所有投资收益和损失均由保户自行承担。

投连险重点是投资理财，那么一定少不了投资费用。投连险的费用包括初始费用、账户和资产管理费、手续费等。投资哪些账户，投资多少是可以由投保人自行决定的。投连险的运作还是比较透明的，保险公司会定期出具一定的财务报告，包括投资账户、投资工具、投资收益、投资风险、历史业绩、各大账户的财务报表等，投连险更适具有一定风险承受能力的投保人。

投保人在投保投连险前，保险公司会要求投保人进行风险测试，了解投保人的风险承受能力，并建议适合的投资账户，但最终选择的账户还是需要投保人自主决定，因为风险自担。

6
意外险，减轻家庭的损失

重大疾病和意外伤害，是消耗家庭财富的两大"杀手"，但我们又不可能灭掉这两大"杀手"，只能为自己多找几个"保镖"。

意外险，就是面对意外伤害的"保镖"。意外险又称为意外伤害保险，是投保人缴纳保费，当被保险人在保险期间遭受意外伤害，保险公司将给付保险人或其受益人一定量的保险金的险种。

意外险分为一年期意外险和长期意外险，对工薪族来说适合购买哪一种呢？看下面一个案例。

案例故事

一年期意外险买一买

最近假期胡先生参加同学聚会，大家聊到假期旅行，然后就聊到旅行安全，以及旅行意外上。做投资理财的同学给胡先生推荐了一款新出的意外险，一年缴费 440.70 元，保障一年，保额最高 50 万元，比较适合他这类工薪族，具体情形如表 8-4 所示。

表 8-4　一年期意外保障

保险类型	保障范围	保障金额
一般意外	意外身故、伤残	50 万元
	意外医疗	2 万元
津贴及车费	住院误工津贴	100 元 / 天
	救护车费用报销	2 000 元
交通意外	飞机意外身故、伤残	50 万元
	火车意外身故、伤残	10 万元
	轮船意外身故、伤残	10 万元
	汽车意外身故、伤残	30 万元
健康保障	甲乙类传染病身故	20 万元
医疗服务（赠送）	意外住院垫付 / 担保服务	赠送

胡先生觉得该意外险缴费不多，一年缴费 440.70 元，保障的项目也比较齐全，不仅包括意外伤害，还包括意外医疗、住院津贴费、交通意外等，并且还将疫情（甲乙类传染病）也考虑在内进行了保障，另外，对于其他各种交通意外的保额配置也比较符合自己的规划。根据出行的频率和安全度考量，飞机意外伤害的保额会配置高一点，其他火车、轮船、汽车等保额会低一点。当因意外住院时，保险公司还可以垫付，最终他给自己投保

了一份，获得的是电子保单。

如上例所示，胡先生购买的意外险就属于中长期的意外险，大部分意外险期限都比较短，最长不过 5 年，现在这种产品也比较少见，一年期居多。此外还有短期的，如 1 ～ 180 天，投保人自己选择投保期限，看下面的案例。

案例故事

短期意外险买一买

刘先生最近车险到期，在网上续保的同时，看到一款比较适合自己的意外险，该意外险保费较低，而且可以自由选择投保天数，保费总计 115.3 元。他选择保障到年底，总计 85 天，保额最高 50 万元，比较适合他这类工薪族，如表 8-5 所示。

表 8-5　短期意外保障

保险类型	保障范围	保障金额
一般意外	意外身故、伤残	10 万元
	意外医疗	1 万元
津贴及车费	住院误工津贴	100 元 / 天
	救护车费用报销	2 000 元
交通意外	飞机意外身故、伤残	50 万元
	火车意外身故、伤残	50 万元
	轮船意外身故、伤残	50 万元
	汽车意外身故、伤残	30 万元
高风险运动	猝死	投保
	意外身故、伤残	5 万元
	意外医疗	5 万元
	住院误工津贴	100 元 / 天
	救护车费用报销	2 000 元

　　胡先生和刘先生两人选择的意外险不同在于保障期限、保费、保障内容等。两人选择的保额配置差异不大，在保障内容上有一定区别，如胡先生多了甲乙类传染病的保障，而刘先生多了高风险运动的意外伤害的保障。在保障期限上，胡先生更长，刘先生只有85天。保费平均到每一天，对胡先生来说，更优惠；但是刘先生的短期意外险，期限选择更自由。

　　总体来说，短期意外险和一年期意外险，两者各有优劣，具体选择哪一种，以家庭实际需求为准。在配置意外险的时候，主要从保额、保费、期限、保障项目等方面着手，说明如下。

◆ 保额高低

　　在保额的配置上，一般常根据职业性质来配置保额的高低，例如，长期出差的员工，可以将交通工具的意外伤害保额配置得更高一点，并且有侧重点，如飞机和汽车可以配置高一点保额，火车和轮船类可以配置低一点的保额。

◆ 保费多少

　　一般意外险的保费相对其他险种来说都是比较便宜的，一般一年不会超过1 000元，更多的是在500元以下。保费和保额、保障项目、保障期限等因素有关，需要根据家庭实际需求配置。一般保额越高、保障项目越多、保障期限越长，保费越高。

◆ 期限长短

　　一般工薪族都比较适合配置一年期的意外险，相对于短期和长期的意外险，一年期的意外险在期限上比较适合，在保费上也会有一定的优惠，很多保险公司推出的意外险也主要以一年期为主。

◆ 保障项目

　　一般各大保险公司推出的意外险，不同期限，保障项目也会有所区别，到底选择更全面型还是一般型，需要根据家庭的实际需求出发。就好像买车险，到底是买全险还是一般险种配置就好？归根到底还是从保费、期限、家庭需求等综合分析考量。

配置意外险时需要注意以下几个问题。

①是返还型的意外险还是综合意外险？

②意外医疗报销是否限社保？报销比例高还是低？

③住院津贴有没有，高还是低？

④免赔额是高还是低？

返还型的意外险就是在保障期间，没有出险就会返还保费，保障期限较长保费较高。综合意外险，综合了一些常见的意外伤害保障以及专项意外伤害保障，保障比较全面。

一般意外险的意外医疗都是在社保报销范围内的，重点确认它的报销比例，报销比例越高越好。如果有意外津贴，可以参考自己误工一天的费用。免赔额简单说是根据保险合同约定，当意外损失在一定数额内，意外损失保险人不负责赔偿，被保险人自行承担，所以免赔额越低越好。

🔅 ⑦ 教育险，教育投资神助攻

据统计，在所有家庭支出项目中，育儿费用占了很大一部分，很多家庭花费年收入的 10%～30%，其中孩子的教育费用占比高达 70% 以上。

以一个中产家庭为例，孩子从出生到大学毕业，可能需要 50 万～80

万元。如果家里有两个孩子，总计就需要100万~160万元，这还是不考虑名校、物价上涨、孩子生病医疗等因素的情况下。所以养育一个孩子成本是巨大的，对于孩子的教育投资，不管是储蓄还是投资，都要趁早。

教育险是给孩子准备教育金为目的的保险，是一种储蓄型的险种。现在还有一些无保障单纯教育金的险种，在存入一定期限后，附加一些少儿意外险，并且支持微信随时存入。

教育险的教育金都是怎么领取的呢？看下面一个案例。

案例故事

教育险买一买

章女士最近打算给上幼儿园的宝宝购买一份教育险，保险代理人给她推荐了一款单纯教育金的保险，该教育险保障至宝宝到21岁，1元起投，可每月追加。如果她投入10万元，孩子可以领取的教育金如表8-6所示。

表8-6　教育金的领取

领取年龄	领取用途	领取金额
18~20岁	主要用于孩子的大学教育费用	19 823.49元
21岁	孩子可以一次性领取，作为学业深造、创业、成家立业等	160 790.53元
累计领取	前期从未领取，到期一次性领取	220 261.00元

如上例章女士的保险代理人给她推荐的教育险就是一款利率相当可观的教育险，比较纯粹，主要以理财为主，投入本金10万元，到期孩子可以领取22.02万元左右，具有强制储蓄的功能。但与储蓄还是存在一定的差别，假设每年存1万元到银行，孩子20岁时，不考虑利息，本金有20万元；如果一次性投保10万元的教育险，20岁时，一次性可领取约20万元，而这20年间的除去本金剩余的12万元，还可以用于其他的理财投资，获得投资收益。但最终教育金领取多少和保险公司经营业绩相关。

给孩子配置教育险，无非是考虑买哪家、买哪种、买多少等因素。

◆　买哪家

现在很多保险公司都推出教育险，保险公司那么多，选择哪一家最好？在不考虑具体险种的前提下，一家经营业绩良、售后服务好、公司实力强的保险公司值得考虑。

◆　买哪种

教育险分为传统型和理财型，传统的保险不仅有基础的保障还有一定的分红性，例如，具有基本的少儿重疾、意外医疗、分阶段的教育金领取等；理财型的教育险包括分红险、万能险、无保障纯粹理财险，这类教育险保费会比传统型更高一些。

◆　买多少

买多少钱的教育险合适？保费的多少和孩子的年龄、险种、保障内容、教育金领取多少等因素息息相关，最低在几千元，最高在万元以上。不同的家庭，起投金额是不一样的，但一般保费和教育金的领取成正比。如果自己也无法估算，可以在线咨询保险客服或者代理人，进行一个简单的评估。

购买教育险会对孩子的投保年龄有一定的限制，如果孩子超过 12 岁投保，容易被拒保，所以孩子年龄越小购买越好，保费也相对更便宜。

8
财产险，投保标的聊一聊

我们常说的手机碎屏险就是一种最简单的财产险，它承保的标的是手机，手机就作为我们个人财产的一种。

家庭财产保险是城乡居民将家庭室内的、有形的财产作为保险标的的保险，包括普通家庭财产险和家庭财产两全险。

普通家庭财产险，承保对象如下。

①家具、用具、室内装修物。

②家用电器、文化、娱乐用品。

③农村家庭的农具、工具、已入库的农副产品等。

④其他在承包范围内的财产。

保险公司对以下的家庭财产不提供承保。

①无法确定具体价值的财产，如邮票、文件、技术资料等。

②家庭日用消费品，烟酒、药品、化妆品等。

③处于危险状态下的财产。

④保险人评估风险后，不予承保的其他财产。

普通家庭财产险的保险期限为1年，1年到期需要续保，承保的对象因险种不同而不同，案例说明如下。

案例故事

大房子财产险买一买

刘先生最近为自家的大房子投了一份财产险，年缴费338元，保障一年，最高保额500万元。该财产险最大的特色在于保障全面，不仅保障室内财产，还保障房屋主体和房屋装修，享受的保障具体如表8-7所示。

表 8-7　大房子财产险内容

保障项目	保障金额（元）
房屋主体	5 000 000.00
房屋装修	500 000.00
室内财产	1 000 000.00
室内盗抢保障	20 000.00
水暖管爆裂损失	20 000.00
家用电器用电安全	200 000.00
居家责任	300 000.00
雇主财产损失	200 000.00
家养宠物责任	10 000.00

该保险不承保由地震、海啸造成的房屋损失，不承保小产权房或用于生产经营的房屋，且被保险屋限投一份，多投是无效的。

当我们用小房子换大房时，如果保留小房子并出租，同样可以购买相应的家庭财产险，不仅保障室内财产，还保障相应的租金收入。

案例故事

小房子财产险买一买

刘先生今年因为孩子升学，换了更大一点的房子，原有的小房子保留，并以每月 2 400 元出租。因为保留了一些家电、家具以及考虑到租客的稳定性，于是刘先生在给新房子购买家庭财产险的同时，还给小房子买了一份。不过相对于大房子的保障项目，小房子的保障项目更少一点，但是具有 3 种不同的选择。保额最高 300 万元，保费有 100 元、300 元、500 元 3 种。

刘先生为小房子购买的这份保险，最大的特色是为房东设计，能保障因意外事故导致承租人及其同住家庭成员人身伤亡而由出租人承担的经济赔偿及法律费用、房屋无法出租的合理租金损失、出租房声誉损失津贴赔偿、水暖管爆裂损失等，具体如表8-8所示。

表8-8 小房子财产险内容

保障类型	保障项目	套餐A	套餐B	套餐C
家庭财产险	房屋主体	30万元	100万元	300万元
	房屋装修	5万元	20万元	50万元
	室内财产	3万元	10万元	20万元
附加险	附加出租人责任	10万元	20万元	50万元
	附加租金损失	1万元	3万元	10万元
	附加出租屋声誉受损津贴	0.5万元	1万元	3万元
	附加水暖管爆裂损失险	不投保	1万元	3万元
费用		100元	300元	500元

如上例所示，小房子的家庭财产险是一个组合的财产险。主险是一般的财产险，附加险是针对出租人、租金损失、房屋名誉损失等保障。具体选择哪一种可以从房屋市价、家庭财产、租金、承租人等多方面考虑，但总体来说，财产险的保费并不高。

无论是个人还是家庭，配置家庭财产险需要注意如下几点。

①不超额投保，如家庭财产的实际价值只有100万元，你投保了500万元，最终保险公司也只会以100万元的实际价值赔付，白白增加了多余的保费。

②读懂保险条款，哪些为可保财产、哪些不可保、免赔额是多少、投保双方的权利和义务有哪些等，一般都会在保单上列明，需要仔细阅读。

③不要重复投保，如果保障内容相同，不要在多家保险公司投保，同一责任，最终理赔时只会几家分担赔付，赔付不会超过保额。

④价值不确定的财产慎重投保，将金银珠宝、古董字画、艺术品等投

保，如果价值无法确定，需要由专门的鉴定人员鉴定后，投保人和保险公司约定后，才可能投保成功，否则容易被保险公司拒保。

家庭财产险除了一年到期需要续保的险种以外，还存在一种到期还本的保险——家庭财产两全险。它最大的特点在于到期还本，并且按照份数来确定相应的保额，如城镇居民 1 000 元 / 份。具体的份数根据家庭财产的实际价值来确定，投保人一次性交纳保险金，并将保险金的利息作为相应的保费。当保险到期，无论在此期间是否赔付，保险人按照保险合同约定退还相应的保险金。

⑨ 养老险，如何配置最优质

很多年轻人会在工作稳定，每月有固定积蓄或者成家立业之后，开始考虑父母的赡养问题。如何给父母养老，是每月固定转账多少钱，还是帮父母购买养老险？如果是选择给父母购买养老险，会不会有年龄限制？保费会不会比较高？哪些险种比较合适……

这些都是需要思考的问题，给父母配置养老险，首先是最基本的养老——社保。如果父母是城镇职工有固定的社保，按时足额购买，到年龄就可以领取。如果父母还没有社保或者是新农合，那么看是否断交，断交的看能否补交，特别是医保这一块。

购买养老险是以社保为基础，商业养老保险来补充，同时不仅要考虑退休以后养老，还有退休以后疾病健康保障。

首先，来看一看如何配置养老保险。因为社保的养老险相对固定，所以这里探讨的是商业养老保险的配置。可以从领取方式、领取时间、保险期限、领取保证等方面去考虑。

◆ 领取方式

养老保险的领取方式分为定时、定额、一次性领取。定时领取是投保人和保险公司约定在某个时间段开始领取，如60周岁开始领取；定额领取是双方约定在某个时间段，固定领取多少养老金，如从60周岁开始，每月领取1 000元，直到领取完全部额度；一次性领取是在双方约定领取养老金的年龄后，一次性领取全部养老金。

◆ 领取时间

商业养老险的领取时间比较灵活，例如，有的险种50岁可以领取，有的在65周岁领取，具体领取时间由投保人自由选择。

◆ 保险期限

很多养老险会保障至终身，而终身和被保险人的生存年龄相关，保险期限和养老金的领取时间长短相关。

◆ 领取保证

养老金的领取时间和人的寿命相关，有的养老险会规定养老金有10年或10年以上的保证领取时间，如果被保险人在10年内还未领满额度，剩余的养老金会由受益人领取，但还是要看保险合同的具体约定。

如果给父母购买养老保险，一般会有年龄的限制，按父母的年纪可以考虑给父母购买分红险、万能险、投连险作为养老保险。投保人是你，受益人是父母。养老保险一般越早配置越好，越早购买无论是在品种选择上还是保费折扣上都比较有优势。

重疾养老险

张先生最近给妻子购买了一份养老险,妻子为被保险人,儿子为受益人,基本保额 3 万元,保障至终身,同时附加重大疾病保险,保障 20 年。妻子今年 30 岁, 月交保费 1 855 元。妻子的养老金领取如表 8-9 所示。

表 8-9　养老金的领取

项目	类型
领取时间	60 岁退休以后
保障期限	养老险保障终身,重疾险保障 20 年
领取方式	60 周岁以后, 每月领取 3 085.50 元
保证领取	保证领取 20 年, 若妻子在保证领取的时间内生存,总计可领取 740 520.00 元,若在保证期内妻子身故, 未领取的部分一次性给儿子
生存金	若在保证领取时间后,妻子仍生存,则每月继续领取 3 085.50 元至终身,到 100 周岁时, 累计领取 1 518 066.00 元
保费豁免	若张先生不幸身故或者合同约定的全残、重疾,可以免交豁免险保险期间剩余各期保费,并且不会影响妻子养老金的领取

张先生给妻子购买的养老险比较全面, 等妻子到退休的年纪每月相当于领取月工资,加上社保养老金,生活品质还是有一定保障的,并且保证领取养老金 20 年,至少可以领到 80 岁。如果 80 岁以后还幸存,每月还可以继续领取, 活得越久领取得越多, 同时从现在到退休, 还可以给妻子一份重疾保证,以及保费豁免。除张先生给妻子购买的养老保险,还有一类养老保险是比较适合年轻人购买的,举例如下。

分红养老险

刘先生平时比较喜欢投资理财,最近他打算购买一份分红保险来理财。

在了解了他的资金预算、财务状况、养老规划等情况后，保险代理人推荐了一份比较适合他的养老保险，该保险年交保费 5 210 元，交费 20 年，保额 5 万元，保障至 65 岁。

刘先生享有权利如表 8-10 所示。

表 8-10 养老金的领取

项　目	类　型
生存保险金	被保险人满期（65 周岁）仍然生存，可一次性领取 10 万元生存金
应急金	若急需资金，最高可按照现金价值的 80% 进行保单贷款
重疾金	初次发生保险合同约定的 80 种重大疾病，可领取 15 万元重疾金
分红	根据公司的经营成果享受分红，根据当期业绩预估 65 周岁时，最高红利约 5.9 万元，最低红利约 0.1 万元，中档红利约 3.4 万元。具体以到期公司实际经济状况为准
身故保险金	若被保险人身故，可领取 3 倍保额，即 15 万元身故保险金

如上例刘先生购买的养老险，年交保费 5 210 元，月交保费约 434.17 元，交费 20 年，投入本金为 10.42 万元，保额总计 5 万元。到 65 周岁时，可一次性地领取生存金 10 万元，红利在 0.1 万～5.9 万元。具体分红可能低于这个区间也可能高于这个区间，具体以当年保险公司的经营业绩为准。

总的来说，投入本金和收益差异不大，重点在分红、重疾保障、身故保障上，一般养老金保费越高，保障越多，将来领取的养老金越多。

个人如何去配置养老险呢？首先要估算出退休以后的养老金来确定相应的保额。从现在的基本生活水平出发，预估相应的支出与费用，并考虑相应的通货膨胀，从而确定退休金的大概比例，例如每月领取 1 000 元还是 3 000 元？当然社保是最基本的养老金提供者，商业保险是对社保的补充，其他的储蓄和各种理财也可以作为储备的养老金。

对于工作不久、收入不高的年轻人来说，如果购买养老险，可以考虑购买分红型为主，保费不高，还可以享受分红。投保人可以与保险公司协商在以后收入增加时，追加保额，这样将来领取的养老金会更高一点。一般购买养老险越早越好，如果考虑退休时才购买，会不容易买到，体检不容易过关，而且保费也较高。

现在社会，除了留守儿童，空巢老人也比较多。年轻人常年在外工作，父母独自在家。随着时间流逝，父母也在一天天衰老，他们的健康也令人担忧。无论是社保、养老保险、储蓄理财等，都可以为父母的养老提供保障。

在给父母配置养老险时，基本的医疗险也可以考虑。重大疾病险在父母的年纪，不容易购买，体检容易不过关，常被保险公司拒保。但我们可以针对性地投保一些医疗保险，案例如下。

案例故事

老年医疗买一买

唐先生给在老家没有社保的父亲购买了一份老年医疗保险，可以保障"三高"以及最高癌症保额 200 万元，保障一年，父亲享有的权利如表 8-11 所示。

表 8-11　保险金的领取

项　　目	保障项目	保障条件	保障金额
赔付限额	恶性肿瘤或原位癌确诊费用保险金	等待期后，确诊前 30 日发生的医生诊疗费和检查检验费	200 万元
	恶性肿瘤或原位癌治疗费用保险金	恶性肿瘤或原位癌住院医疗费用	
		恶性肿瘤或原位癌特殊门诊医疗费用	
		恶性肿瘤或原位癌住院前后门诊急诊费用	
	免赔额	0 元	
	给付比例	一般是 100%，如果被保险人有社保，但就诊时未使用社保，则给付比例为 60%	

在购买后的 6 个月，唐先生的父亲因病住院一次，花费如表 8-12 所示。

表 8-12　治疗费用

项　目	治疗费	花费金额	用　　途
赔付限额	初次确诊罹患恶性肿瘤医疗费	1 万元	治疗恶性肿瘤医疗费
	住院医疗费	20 万元	
	特殊门诊医疗费	10 万元	
	住院前后 30 日急诊费用	2 万元	

最终刘先生向保险公司申请赔付，因为父亲没有社保，所以保险公司 100% 赔付治疗费用，总计赔付 33 万元。

如上例所示，给父母配备一些基本医疗保险外，意外险也必不可少，一般保障期限都比较短，一年期消费性为主。

无论是给自己还是父母配置养老险，都要从家庭预算、年龄、收入、风险、有无社保等综合考虑，愿每一个人及父母们，都能老有所依，幼有所养。

理财贴士 *家庭保险配置*

对于年轻人来说，保险配置是刚需，但不能影响家庭的正常开支，投入的保费建议不超过家庭年收入的 10% ~ 20%，具体可以咨询相关保险专业人士。

配置的重点是重疾、意外、医疗、教育、养老。对具有理财需求的年轻人可以考虑分红险、万能险、投连险、年金险等。养老险也可以从这几类保险中选择，具体选择哪一种，具体家庭具体分析，适合最重要。

第9章

奔向财务自由
理财投资高配版

你有没有想过生活得轻松一点儿？你有没有想过给家人好一点的生活？你有没有想过你的梦想停留在哪里……

这些都可以想，也都有可能实现，关键是要实现财务上的宽裕。财务自由看似离我们很远，但其实就在我们身边。对于每个敢于拼搏的人来说，都有一条通往财务上的宽裕之路，或许这条路布满荆棘，但是有心人，天不负，有梦就要敢去追。

再说，成年人的生活，谁不是在负重前行？路在何方？路在脚下。财务上的宽裕是高配版的理财投资，所有理财人士都可以去试试看。万一实现了呢？

1 关于财务自由，你知道多少

俗话说的"财务自由"的本质是一种生活状态，也就是人无须为了生活开销而拼命赚钱的一种状态。简单来说，就是他的被动收入持续性地大于他的日常开支的状态。下面用一个小故事来理解。

案例故事

富翁与渔夫

一位亿万富翁，到海边休闲度假。看到海边有一位渔夫在海里快乐地打鱼，在渔夫休息时，他走上去问渔夫："你每天都在这里打鱼吗？每天能打多少鱼？"渔夫笑笑说："有几十斤吧，够我自己吃，还能换些钱，勉强够一家人开支"。

富翁说："你有没有想过换一艘大一点的渔船，往更深的海域去打鱼，那样就能打更多的鱼了。"渔夫问："为什么要那样做呢？"富翁说："那样你就可以卖更多的钱了呀。"渔夫问："然后呢？"富翁说："然后你就可以换更大的渔船，甚至雇佣员工为你打鱼，然后成立一个公司，赚很多很多钱。如果公司做大了，你还可以上市，然后雇佣专业的人给你打理公司……"

渔夫又问："最后呢？"富翁说："最后，你就可以像我一样，离开公司到海边度假了啊。"渔夫说："就是你现在这样吗？"富翁说："是啊，就像现在这样，自由的享受阳光、沙滩、海浪。"渔夫说："那我现在不是和你一样自由吗？"富翁看了看渔夫说："是的，你已经做到自由了。"

渔夫的职业是下海打鱼，每一天都要去，即使狂风暴雨，否则一家人就可能无法正常开支，遇到意外更是没有余钱；而富翁度假一个月不上班，并不会影响他的正常收入以及生活开支，甚至还可以实现资产翻倍增值。常理上讲，渔夫需要财务上能宽裕一点儿，富翁需要更多阳光空气。

财务自由，也就是一种财务上的宽裕状态。如果你每天开支 100 元，每天获得的收入是 101 元，且部分乃至全部来自被动收入，那么就较轻松和宽裕。这对于工资收入、资产、负债没有固定的标准，对于工作的行业也没有限制，只是它强调的收入是被动收入。

如果在本职工作之外得到的收入足够支撑你的日常开支，那么你就是财务上的宽裕。即使你现在 25 岁，无房、无车每月开支 3 000 元，只要你每月有工资外的被动收入 3 001 元，你可以选择你想做的事情，甚至去实现梦想，而不是为每天的生活开支、信用卡还款、房贷、车贷发愁。

财务自由和收支相关，更和被动收入相关。那么常见的被动收入都有哪些呢？简单聊一聊，仅供参考。

①租金收入。

②基金或者股票分红。

③银行定期利息收入。

④版权、专利费、业余广告收入等。

⑤赡养费或子女信托基金。

⑥养老金及其他收入。

被动收入也就是从个人没有重大参与的贸易或商业活动获得的收入。

有人说，人生有三种自由，财务自由、时间自由、心灵自由。有的人没有财务和时间自由，但是可以达到心灵自由。但是更多的人只有在财务自由的基础上，时间和心灵才能相对自由。

这种说法当然有其片面性，但不可否认的是财务上的安全直至宽裕对多数人很重要。这里的自由理解为宽裕更好。

❷ 财务自由，需要什么前提

实现财务宽裕是很多人的梦想，但是很多人都觉得实现财务宽裕是挺难的，但实际上，即使你现在是月光族，只要你学理财、会理财、爱理财，改善财务状况是能做到的。

从一些成功人士身上看到，实现财务上的宽裕需要满足一定的前提。说明如下。

◆ 知识储备

即使有很多的闲置资金可用于投资，但是如果没有基本的理财知识，也无法选到合适的投资工具，实现资产增值，增加家庭的被动收入，所以在理财投资前，储备足够的理财知识很有必要。

◆ 行情分析

不管选择哪一类投资工具，对于产品和市场的行情分析很重要，例如，最新的趋势分析、最热的产品、最新的政策等。理财者根据相关信息，适当及时地调整投资策略及买卖策略，在不亏损本金的同时，获得最大的收益。

◆　理财观念

理财观念中，投资品种、风险等级、投资收益、投资预算等，都需要有正确的理念，例如，产品是选择单一投资还是组合投资？个人风险偏低却选择高风险的股票投资是否合适？一味追求高收益不管风险行不行？投资预算是不是越多越好？

这些都需要有清晰的认识和明确的态度。产品建议组合为主，分散投资风险，选择的产品需要根据个人风险爱好及产品风险等级选择。个人风险承受能力偏低者只适合中低风险类的产品投资，收益与风险成正比，一般风险收益越高风险越高，所以不能一味地追求高收益。

不管是理财还是投资，更多追求的是长期的稳定收益，所以投资或理财具有长期性，需要定期打理相关产品，不能购置后就不打理。

◆　投资习惯

不管是收入还是支出，我们要习惯记账。投资理财时，同样需要详细地记录自己的投资品种、投资本金、投资期限、预期收益率等。如果是组合投资，还可以分类汇总相关信息。为了方便查看，可以借助一些趋势图或者自己制作一些收益图表，分析收益变化趋势，抓住买卖时机，同时一定要习惯看产品的相关数据分析，包括行情图、K 线图、产品财务报表、指标分析等。

财务的关键之一是被动收入，而我们大多人，特别是工薪族，收入主要是主动收入。主动收入是一种及时反馈，即你这个月努力工作，下个月就能收到相应的回报收入。及时反馈也意味着收入相对固定，工作一天就有一天的收入。

被动收入在于持续稳定的非即时反馈的资金流入。财务的收入，不仅是来自于当下的现金流入，也可能是过去或者未来的被动流入。以前我们会根据当前工资收入做一些支出计划，都是以当前可见或者可预见的收入为前提，整体上比较偏向短期策略。

要想实现财务改善，长远的规划与布局不可少，收入的增加不再是简单的线性增加，可能是多元化或者指数性的。这种收入更具有延迟性，例如，3年期前的春天投资，今年秋天突然大收。

增加个人或家庭的延迟性收入需要我们有一定的原始积累，即一定的经济基础，此外还需要拥有一套独特的财富认知体系，找到自己的定位，对财富具备一定的学习判断、战略计划、决策执行的能力。

③ 收支不平衡，问题在哪里

同样的月薪5 000元，为什么有的家庭能满足基本生活，有的家庭却入不敷出。简单来说就是收支失衡，家庭日常收入不足以应付家庭开支。收支失衡的原因在哪里呢？先来做一个测试。

案例故事

家庭收支失衡小测试

1. 如下几种金钱态度，哪一项比较符合你？

A. 中产（2分）

B. 高产（3分）

C. 财富自由（4分）

2. 你会对某种投资沉迷吗？

A. 一般（2 分）

B. 会（3 分）

C. 经常（4 分）

3. 能赚钱又不违背职业道德，并且相对体面的职业，你会选择哪一个？

A. 不会（2 分）

B. 看情况而定（3 分）

C. 会（4 分）

4. 你是经常花钱买快乐吗？

A. 是的（2 分）

B. 看情况而定（3 分）

C. 不是（4 分）

5. 你赚钱的最大目的是如下哪一项？

A. 维持生活（2 分）

B. 物质享受（3 分）

C. 实现财富自由（4 分）

6. 你享受一个人独处吗？

A. 一般（2 分）

B. 还好（3 分）

C. 习惯（4 分）

7. 你的工作效率经常高于同行吗？

A. 不是（2 分）

B. 看情况而定（3 分）

C. 是的（4 分）

8. 在决策中，你从不听取别人的意见吗？

A. 是的（2 分）

B. 不是（3分）

C. 看情况而定（4分）

9. 你能够忍受宅家半年以上吗？

A. 能（2分）

B. 不能（3分）

C. 看情况而定（4分）

10. 你总是强迫自己做事吗？

A. 不是（2分）

B. 是（3分）

C. 看情况而定（4分）

根据上述测试的累计分数，将测试者分为三类：理性消费、稳健理财、财富开创者。其中总计分数在20分左右，就是常见的工作稳定、收入不高、进取心一般。但是会理性消费的人群，偶尔也会收支失衡。

总计分数在20～30分的人群，常见于一些具有一定理财意识的工薪族，偏爱一些低风险的理财产品，一般很少收支失衡，但是家庭的结余也不高；分数在30～40分的人群，具有一定进取心、自我意识、投资意识比较强的管理者或者创业者，收入相对较高，但同时开支也较大，容易收支失衡。但即使收支失衡，大多家庭还是不会出现入不敷出的情况，更多的支出可能在一些增加被动收入的投资或者项目上。

通过上例可以看出，一个家庭的收支失衡和个人的收入、工作态度、消费习惯、职业规划等息息相关。对于家庭的收支失衡，无非是两种解决途径，开源和节流。开源可以通过理财、兼职等增加主动收入，也可以通过其他一些途径增加被动收入，但是需要一定的经济基础。节流的根本就在于家庭的支出上，包括月支出、季度支出、年支出等，建议平时养成记账和做预算的习惯，按时按量支出，再灵活调度。

无论是一般工薪阶层还是财富自由者，解决收支失衡问题，都有很多种途径，但本质都从开源节流上出发，只是后者，除了基本的工薪收入的开源节流，还体现在被动收入和被动支出的开源节流。

④ 如何增加被动收入，简单聊一聊

被动收入是不需要花费个人或者家庭很多的时间和精力，就能获得的一种收入。被动收入并非一次性的收入，如获得一大笔遗产，被动收入具有长期持续性，和工资收入一样，同样具有高低波动，同样需要维护。

被动收入具有各种可能性以及流动性，如同增加工资收入一样，同样可以在日常生活中，多渠道地增加个人的被动收入。

◆ 评估财务状况并制定目标

被动收入的增加，需要经过长时间的积累，简单说就是在获得收入之前需要先投资，如同要考上好的大学需要父母、老师、国家的投资。增加被动收入作为理财的一种形式，首先得清晰当前家庭财务状况是怎样的，明白我们能拿出多少资产来投资，评估家庭的财务状况，重点是家庭的资产、负债、现金流，在行动之前，理财目标要明确，如增加被动收入，年收入50 万元或以上，不同的家庭，理财目标不一样。

◆ 合理规划生活支出

任何一笔结余的工资收入都可以作为被动收入的原始资本，所以家庭在开源的同时，节流也很重要。根据家庭财务状况及理财目标，对于每月的家庭消费支出，进行梳理并整理，在不影响正常生活的前提下，减少家庭每月的一些不必要支出。

◆ 减少家庭债务

家庭的债务分为两大块：一是消费债务，如花呗和信用卡，提前消费，定期偿还；二是各种外债，如借款或者装修的外债，主要来源于朋友、银行、小贷公司等。无论是消费债务还是外债，在家庭已有结余的同时，都尽量还清，免得多出利息和违约金，更影响个人信用。

◆ 保险计划

保险的本质是对于未来的风险意外的一种投资，合理规划保险计划，不仅可以理财分红和养老，增加后来的被动收入，更可以在意外或者疾病来临时，最大限度地保障自身的资产不受损失，或者将损失降到最小，所以每个家庭都应有一定的保险计划。

◆ 创业

无论是开一家小小的奶茶店还是创立一家大公司，都属于创业，不过创业的投资和收入不一样，回报不一样，承担的风险更不一样。无论是小创业还是大创业，都可能实现财富，但是也可能负债累累。

创业的过程堪比西天取经，需要一路升级打怪，经历九九八十一难，更需要天时地利人和。有的人适合创业，有的人并不适合，想通过创业来实现财富，需要实力努力加幸运。创业，尝试要慎重。

在创业中，除了自创平台，还可以选择加盟平台和借助平台等，如淘宝、天猫、京东，三个平台各有优劣，从自身实际，对比选择。

被动收入的来源很多，所以增加被动收入的方法也很多，无论哪一种，最重要的是都要通过获得足够多的主动收入来作为被动收入的原始积累，如创业资本、投资资本、追加投资资本等。

5

收入越高，财富越多吗

　　任何的被动收入，都有原始资本的积累过程，那是不是个人或者家庭收入越高，就意味着家庭积累越多，财富越多呢？

　　在回答这个问题之前，来看一看常见的财富误区。

　　◆　从一个人的衣食住行看他的财富状况

　　人多数是视觉动物，可以从一个人的衣食住行去判断他的财富状况。例如，我们常以为住大别墅、开豪车、穿名牌的人都是富豪，会习惯性地认为这群人早已经实现财务自由。可真实情况是，可能开的豪车是按揭，家庭负债银行千万元，而一个家庭年收入 20 万元的上班族，可能早已经通过家庭的被动收入实现了财富相对宽裕。

　　◆　高收入高积累

　　一个年薪 50 万元的上班族会比一个年薪 20 万元的上班族存款更多吗？不一定，可能家庭年收入 50 万元者，存款为 10 万元；家庭年薪 20 万元，存款为 20 万元。具体还需要根据家庭支出来定，高收入也可能低积累，重点是看家庭的资产、负债、现金流、理财计划等。但无论是高收入还是低收入，都可以通过一定的投资理财，为被动收入的增加打下基础。

　　如上内容是一些常见的财富思维误区，要想实现财富，提高情商，保持一颗清醒的头脑很重要。

⑥ 创业还是投资，你需要知道的事

在求职中，常会被问及一些问题，你有什么特长、你的优势在哪里？你的职业规划是什么……

同理在创业或者投资中，可以自己想一想，你具有成功者的特质吗？你有多少资产、负债、现金流？你的投资本金是多少？你的风险承受能力有多大？你的产品具有什么优势？产品属于创新领域吗？你的盈利模式和商业模式又是怎样……

◆ 成功者都具备哪些品质

无论是创业还是投资，都希望做一个成功者，那么成功者一般都具有哪些特征呢？简单来说，成功者通常具有一定的德性、悟性、韧性、勇性、血性等，德性不仅体现在个人品德，更体现在德才兼备、专业技能；悟性是对于过往经历的总结，包括职业、投资、创业经验，并有所感悟；无论是创业还是投资都需要有百折不挠的韧性，如野草般，野火烧不尽，春风吹又生；同时还需要有"不能打倒我的，必使我更强大"的勇性；同时作为当代青年人，应该有"但使龙城飞将在"的血性。

无论创业还是投资，耐得住寂寞，才能守得住花开；沉得住气，弯得下腰，才抬得起头。

◆ "五好"想一想

无论创业还是投资，"五好"想一想，"五好"包括好产品、好收益、好伙伴、好教练、好配偶。

无论是创业还是投资，产品好不好，市场看一看，好的产品经得起市场的检验。好的产品一定具有独特的产品特色或优势，能得到市场大众的认可，这样无论是作为创业者还是投资者，所输出或选择的的产品都是潜力股，因为它会带来好的收益。

"好收益"对于创业者来说，就是产品的销售理想，占有一定的市场，公司业绩良好，企业利润客观。而"好收益"对于投资者来说，一定是它的投资回报很客观，投资收益达到了投资者预期或者超过预期，但是任何投资都是有风险的，高收益一定伴随着高风险，所以不要忽略风险。

"好伙伴"对于创业者来说，更多地体现为合作搭档，祸福与共，两人的合作关系到企业的生死存亡，所以创业者选择一个优秀的伙伴很重要。而对于投资者来说，"好伙伴"可能为一些投资理财工具也可能为一些理财同好者，如何去定义并把握好，从自身实际出发。

"好教练"无论是对于创业者还是投资者来说，更多体现的是一些外援，如针对创业者的 CEO 教练，就是帮助 CEO 的企业运作或者团队管理的存在。而一些理财专家、理财经理、理财顾问等的存在也是为了帮助理财者更好地找到适合自身的投资理财产品，最终获得理想收益。

"好配偶"无论是对于创业还是理财者都很重要。无论是将军上战场，配偶安后方，还是两人上战场，共进退，共患难，家庭的美满与和睦，离不开一个好的配偶。每个家庭的状况不同，需求不同，好配偶的标准也不同，但无论哪一种，好的夫妻总是能彼此成就的。

◆ 打造多重现金流

无论是创业还是投资，都离不开资产、负债、现金流，在创业之初或者理财之初，清理家庭的资产与负债，一定不要忘记现金流的整理。可以通过制作家庭现金流量表，按月记录家庭的现金流入或者流出，如本月工资 8 000 元，就是现金流入，而扫码支付 1 500 元，就是现金流出。

打造多重现金流，简单理解就是增加多种家庭的现金流入，包括工资收入和被动收入，所以多重的现金流和财务自由是彼此成就的。

◆ 创新能力有没有

无论是创业或者投资，甚至日常生活，都需要具备一定的创新能力。管理大师彼得·德鲁克认为凡是能改变已有资源创造财富的潜力的行为就是创新行为。他提出了创新的七大来源：意外事件、不协调的事件、程序需求、行业和市场变化、人口结构的变化、认知变化、新知识。这七大创新来源可以归结为外部和内部，其中前五种变化都可以理解为外部机遇，而后两种变化可以归结为自我投资。

⑦ 流量为主的时代，如何打造个人IP

在当今互联网的时代，流量是一个很有意思的词语，比如，"个人IP"。"个人IP"就是个人品牌，本质上是流量以及人际关系，在今天无论是个人还是企业，有了流量就可能获利。在某种程度上，"个人IP"的打造可以作为我们被动收入的来源之一。

首先，明白成为"个人IP"需要满足哪些条件。

①个人必须具备完善的知识体系，具有一定的价值输出。

②具有一定的传播途径，通过各种渠道将自己的内容输出给粉丝。

③具有一定的运营思维，包括产品运营、市场运营、平台运营等。

④具有种子用户，种子用户作为新产品的第一波用户，用户越多，在裂变后，传播的效果越好。

其次，该如何打造"个人 IP"呢?

◆　管理言行

个人的穿着打扮、待人接物、谈吐修养、兴趣爱好等都是一个人在外的形象标签。在平时生活中，应注意提高各方面的修养，一言一行都符合自身气质，有礼有节，进退有度。

◆　管理习惯

要想打造"个人 IP"需要有优良的习惯，例如，目标明确、善于决策、顽强拼搏、重视人才、激励团队、终身学习、持续创新、有效沟通、抓住机遇、投资自我、爱护家庭等。好的习惯可以成就一个人，坏的习惯可以毁掉一个人，习惯不是天生，大多是后天养成系列。好的习惯，坚持；坏的习惯，改之。

◆　管理健康

无论是工薪族还是创业者，大多随着个人财富的增长，健康却在不断的透支，长期高压的工作、不良作息、缺乏运动、城市污染等，使得个人的身体加速衰老甚至出现健康红灯，所以个人的身体健康管理很重要，定期体检与运动，饮食作息规律，只有身体健康，未来才有无限的可能性。

◆　管理行动

一般来说，行动力的产生都是为了满足某种需求，无论是物质还是精神，当人的现状无法满足自身的需求时，一般都会采取行动，实现某一目标。作为工薪阶层，升职加薪是需求也是目标，为此需要采取相应的行动，如职业修养与提升、团队管理、进修等。而打造"个人 IP"，从行动上来说，可以从如下几方面着手。

①塑造独特的个人标签，如公众号、微博、知乎名称。

②寻找适合自己的行业，如科技、生化、知识等。

③塑造自己独特的产品，无论是实体研发还是知识运营。

④产品持续稳定地输出到用户，不能久不更新。

⑤塑造个人品牌形象，如知心姐姐。

⑥树立积极正面的社会公信力，作为"个人IP"，代表的三观一定要端正，传播的产品或者内容一定要积极并正能量。

⑦产品目标市场明确，作为"个人IP"，所输出的产品的受众人群是哪一类，是高收入者还是中低收入者，在产品输出前，一定要提前规划。

⑧寻找到合适的传播平台，如社交平台、自媒体平台、短视频平台等。

⑨与粉丝形成良性互动，如微博或者微信的粉丝回复。

⑩运用各种正当合法的营销手段，输出相关产品，例如，利用热门，做产品输出，通过节日抽奖或者消费券等，与粉丝互动并留住粉丝，但是决不要欺骗粉丝，向粉丝的承诺一定要兑现。

◆ 管理影响力

打造"个人IP"，在行动后，会对社会、市场、粉丝产生一定的影响力。影响力不能是负面的，需要定期管理个人的正面的影响力，从如下几方面着手。

①维持视听，不传播负能量。

②出书、开讲座、线上直播等打造个人品牌知名度。

③在适当的时机构建团队，通过团队的力量升级"个人IP"内容。

④参与线下活动，如签名售书、粉丝见面会、培训演讲、产品发布会等。

⑤通过一定的渠道，积极参与各种公益慈善活动，例如，为山区儿童捐款捐福利，可以和一些慈善机构合作，或者个人直接捐送山区。

⑥广告代言要慎重，当"个人 IP"打造起来，并具有一定的知名度后，很多厂商会选择广告合作，此时对于广告的选择很重要，千万不要为假冒伪劣商品做代言人，得不偿失。

⑦不断提高"个人 IP"价值，包括个人价值、公众价值、社会价值。

⑧不要着急变现，当"个人 IP"达到一定量后，可以变现。但是千万不要着急，盲目变现可能会失去粉丝，适得其反，除非你的粉丝大多活跃并且你在她们心中已经有了一定的价值与地位。同时不能挣黑心钱。

⑨不要过度炒作自己，虽然打造"个人 IP"需要包装自己，但是包装的前提一定是个人具有某项特长或者优势，至少不是假冒伪劣，不过度包装炒作自己更容易吸引粉丝并留住粉丝。

⑩"个人 IP"的产品最好保持原创并新鲜，这样不仅能不断满足粉丝需求同时也能传播一种积极进取的正能量。

◆　管理问题

打造"个人 IP"，需要问自己几个问题。

①我是谁？我的身份、地位、标签。

②我的优势在哪里？我的优势是产品运营还是推广。

③我会转化吗？将具体的产品流量化、数字化、市场化。

④我会运营粉丝吗？在没有构建团队之前，我一个人单打独斗，我会吸引粉丝、留住粉丝、扩大粉丝吗。

⑤我会产品化吗？我会将"个人 IP"的输出内容具体产品化吗。

⑥我的"个人 IP"运营规则是怎么样的？哪些要避免，哪些要坚持？

⑦我的宣传渠道有哪些？自媒体、短视频、直播哪种好。

⑧我可动用的人际关系有哪些？身边"大 V"有没有。

打造"个人 IP"，会遇到很多问题，大大小小，没有标准答案，只有参考以及试错，要想成功，不怕试错，只有准备好试错心态，才能寻找到一条独属于自己的"IP"之路。

◆ 管理注意

打造"个人 IP"，以下事项是需要注意的。

①产品要具有可识别性强的特点，产品不仅要具有个人的独特风格，简单、新奇、创新等都能增强个人产品的可识别性。

②产品输出圈层化，好的产品也要找到好的消费圈层，所以产品都具有针对特定圈层的属性，如科技人群、宅男人群、艺术人群等。

③产品分享简单化，好的内容在被粉丝接受以后都会被主动分享，而分享的难易度将决定分享成功与失败，以及能否长期留住粉丝与增加粉丝。

④产品持续稳定输出，不管是内容传播还是具体的产品传播，输出都需要持续、重复、稳定。

⑤产品输出的价值观，"个人 IP"输出产品不仅代表个人的价值观，更要代表社会以及公众价值观，这要求产品输出的价值观一定要正能量。

⑥产品能跨界，"个人 IP"打造的内容在长期、持续、稳定之外，偶尔是可以跨界的，因为粉丝的需求也是多样化的，能够跨界的"IP"能拥有更长久的生命力及鲜活力。

在流量时代，打造"个人 IP"有机遇也有挑战。抓住机遇，迎接挑战，是需要一定的技巧以及经验的，但同时也需要有一定的分辨能力，并不是每个人都能直播带货成功的。背后是十年如一日的坚持与沉淀，是不断学习积累后的厚积薄发。